SV

INHALT

Vorbemerkung

Der vorliegende kleine Band versammelt eine Auswahl von Äußerungen, die im Zeitraum zwischen März 2020 und März 2021 zum größeren Teil in direkten Gesprächen mit Journalisten deutscher, französischer und amerikanischer Medien entstanden sind. Deren Fragen bezogen sich – ohne Absprache oder Vorsatz – überwiegend auf die von dem neuen mikrobischen Erreger SARS-CoV-2 verursachte Pandemie und ihre sozialen, politischen und existentiellen Konsequenzen. Ich möchte Christophe Ono-dit-Biot, Adam Soboczynski, Nathan Gardels, Neil King, Gabriel Borrud, Willem Allexander Tell, Tomasz Kurianowicz, Lothar Schröder, Peter Unfried, Harald Welzer und René Scheu für ihre Anregungen, Provokationen und Bearbeitungen unserer Gespräche nochmals sehr herzlich danken. Einen besonderen Dank richte ich an die jungen Publizisten Lucius Graf Maltzan und Simon Nehrer, in deren Projekt »Gespräche, die neue Wege gehen« (www.21zeitgeister.eu), an dem mitzuwirken ich eingeladen war, ich einen produktiven zivilgesellschaftlichen Elan wahrzunehmen glaube.

Günstigenfalls bezeugen die chronologisch gereihten Dokumente einen über ein Jahr anhaltenden Lernprozeß, in dem sich der Ernst der Situation und die Suche nach angemessenen Deutungen zunehmend ausprägen. Nicht zu übersehen ist, wie sehr der Mangel an verbindlichen Erkenntnissen, der auch ein Jahr nach Beginn der Krise, obschon in anderer Weise, empfunden wird, vor allem die frühen Äußerungen mitbedingt.

Das westliche System wird sich als ebenso autoritär erweisen wie das chinesische

Im Gespräch mit Christophe Ono-dit-Biot*

Peter Sloterdijk ist der unbequemste Philosoph Europas, und seine Analyse ist auch diesmal überraschend. Von Berlin aus nimmt der Autor von *Réflexes primitifs* für *Le Point* Stellung zur weltweiten Gesundheitskrise. Aus seiner Sicht sind die drastischen Maßnahmen einiger Regierungen in Europa Anzeichen einer übertriebenen »Bemutterung« und einer allgemeinen Entmündigung: Es wird zehnmal mehr getan als nötig, um nur nicht der Nachlässigkeit bezichtigt zu werden. Nicht das Chaos sucht uns infolge der Krankheit heim, sondern, ganz und gar antiliberal, das Trugbild der wiedergefundenen Ordnung. In Anbetracht der Machtübernahme durch eine Art Sicherheitsstaat lädt der deutsche Philosoph dazu ein, *Das Dekameron* von Boccaccio wieder zu lesen, ein im 14. Jahrhundert aus der Pest geborenes Meisterwerk, und eine neue Wissenschaft zu studieren, die »Labyrinthologie«.

ONO-DIT-BIOT *Wie denken Sie über den erzwungenen »Stillstand« aller menschlichen Aktivität, die ausgestorbenen Städte, die leeren Flugzeuge, die Stadien, die Schulen,*

---

* Dieses Gespräch zwischen Peter Sloterdijk und Christophe Ono-dit-Biot erschien unter dem Titel »Le système occidental va se révéler aussi autoritaire que celui de la Chine« in *Le Point* (18. März 2020).

9

über die Rückkehr zu den großen Ängsten des Mittelalters
und die Weltuntergangsstimmung?

SLOTERDIJK Zunächst einmal muß festgehalten werden, daß wir im Zeitalter der Überreaktion leben. Seit mindestens einem Jahrhundert ist das Gleichgewicht des Prinzips Aktion/Reaktion, welches Newton entwikkelt und Starobinski auf Kultur und Politik angewandt hat, durch ein Ungleichgewicht zugunsten der Aktion ersetzt worden. Modern sein bedeutet zu glauben, daß Handeln Vorrang hat. Jetzt, wo wir uns einmal in einer Situation befinden, die eigentlich eine gewisse Passivität von uns verlangt, entscheiden wir uns für die Flucht in übertriebenen Aktivismus. Es handelt sich hier um eine allergische Überempfindlichkeit gegenüber Erregern, die uns möglicherweise Leid zufügen können. Weil plötzlich von einem neuen Mitglied des mikrobiologischen Universums, über das wir noch wenig wissen, eine Ansteckungsgefahr ausgeht, schließen wir alle Schulen, obwohl wir wissen, daß Kinder kaum bedroht sind, weil sie erstaunlicherweise über eine natürliche Immunität verfügen. Von nun an wird jeder, buchstäblich jeder einzelne, aufgefordert, sich bedroht zu fühlen. Und der Mensch neigt so sehr dazu, sich eine Bedrohung einzubilden, daß ein Großteil der europäischen Bevölkerung nun davon ausgeht, einer aussterbenden Spezies anzugehören!

ONO-DIT-BIOT *Tun wir wirklich zu viel? Dabei wurde*
den Franzosen vorgeworfen, nicht genug zu tun …

SLOTERDIJK Das Streßsystem des zeitgenössischen Menschen ist gewöhnlich unterbeschäftigt. Aber jetzt, mit einem neuen Feind des Menschengeschlechts konfrontiert, wacht es auf. Das kollektive Über-Ich scheint von den Regierenden zu verlangen, daß sie keine ihrer »bemutternden« Pflichten versäumen. Besonders das Versprechen einer Lebenserwartung von achtzig Jahren oder mehr müssen die Regierenden um jeden Preis halten, sonst fühlen sich die Regierten verraten. Flucht nach vorn ist deshalb die einzige Art, die Schuld von sich zu weisen, vor allem für die Mitglieder der Bereiche Medizin und Politik. Dies ist auch eine Möglichkeit, sich von Verantwortung zu befreien. Wenn man zehnmal mehr tut als nötig, kann einen niemand der Nachlässigkeit beschuldigen.

ONO-DIT-BIOT *Sie werfen den Verantwortlichen vor, ohne ausreichende Begründung zu handeln?*

SLOTERDIJK Das Vorteilhafte an einem Virus ist, daß wir es dem Bereich zuordnen können, den wir »Natur« nennen – sofern dieser Erreger mit seiner perfekten runden Fußballform aus einer spontanen Mutation entstanden ist und nicht in einem Labor für biologische Kriegsführung. Das Recht, sich gegen natürliche Aggressoren zu verteidigen, wird politisch selten in Frage gestellt ... Die »Corona-Krise« weist also alle Symptome einer Machtübernahme durch den »Sicherheitsstaat« auf, verborgen unter dem Deckmantel einer wohlwollenden »Medikokratie«. Jeden Tag wird die Anzahl der Toten verkündet –

16. März, drei Tote in Bayern –, aber man ignoriert weiterhin die Tatsache, daß normalerweise in Deutschland an die dreitausend Menschen pro Tag sterben. 2017 hat das Statistische Bundesamt 932 263 Todesfälle gezählt, die meisten davon sind auf die Plagen unserer Zeit zurückzuführen, deren medizinische Namen hier zu nennen wohl kaum nötig ist. In Frankreich ist es genauso: zweitausend Todesfälle pro Tag. Niemand nimmt sie zur Kenntnis mit Ausnahme der Todesanzeigen, die man in den Dörfern an die Tür der Lebensmittelläden hängt. Das neue Virus aus China ist nur einer der vielen Decknamen für die durchschnittliche menschliche Sterblichkeit. Wir wollen nicht verstehen, daß der Tod immer fleißig und in aller Ruhe seine Arbeit gemacht hat, meistens ohne daß die Presse oder die Staatschefs daran teilhaben.

ONO-DIT-BIOT *Sie meinen, daß in der aktuellen Gesundheitskrise die allgemeine Sterblichkeit nur eine weitere Ursache gefunden hat? Dennoch spricht Macron von »Krieg« ...*

SLOTERDIJK Manchmal führen wir die falschen Kriege. Die Vorsichtsmaßnahmen gegen ein unbekanntes Virus haben nichts mit der Mobilisierung für einen militärischen Kampf zu tun. Im Gegenteil, durch all die Kriegsmetaphorik wird demobilisiert. Ich hätte mir als Bewunderer des französischen Präsidenten gewünscht, daß man ihm zu pazifistischer Rhetorik rät.

ONO-DIT-BIOT *Wir hatten damit gerechnet, daß politischer Protest oder geopolitische Erschütterungen im Nahen Osten oder in Asien uns ins Chaos stürzen könnten, aber nun ist es durch eine Krankheit geschehen …*

SLOTERDIJK Aus dieser Krankheit geht kein Chaos hervor, sondern auf ganz und gar antiliberale Weise das Trugbild einer wiedergefundenen Ordnung. Seltsamerweise ähnelt die Situation ein wenig dem Ausnahmezustand, von dem manche politische Denker in den zwanziger und dreißiger Jahren des letzten Jahrhunderts träumten, zum Beispiel Carl Schmitt. Für ihn ist derjenige der Souverän, der über den Ausnahmezustand entscheidet. Und die Gültigkeit einer Entscheidung hängt nicht von ihrem Inhalt ab, sondern davon, ob sie von einer als legitim geltenden Instanz getroffen wurde. Ich frage mich, ob wir nicht gerade einen verrückten historischen Moment erleben. Die Grenzen werden geschlossen, obwohl jeder weiß, daß ein Virus keinen Paß zum Reisen braucht. Wenn diese Entscheidungen keine Folgen hätten, wäre es sogar ein wenig komisch, wie in den Stücken aus dem 17. Jahrhundert, wo der Schmierenkomödiant und der große Arzt mit schwarzem Kostüm und langer Nase aufeinandertreffen. Sehen Sie sich an, was in Italien passiert ist, wo die Leute während der Ausgangssperre auf dem Balkon Opern singen und das Ganze weltweit übertragen wird! Indem man auf dem Balkon musiziert, macht man sich über die eigene Unterwerfung unter die medizinisch-kollektivistische Diktatur lustig.

ONO-DIT-BIOT *Manche fordern ihre Mitmenschen dazu auf, ihre Lebensweise zu ändern und mit der Hyperglobalisierung und der damit einhergehenden wechselseitigen Abhängigkeit zu brechen ... Geht eine Welt zu Ende, oder handelt es sich lediglich um eine Pause?*

SLOTERDIJK Auf den französischen Autobahnen sah man früher Schilder mit folgenden Worten »Après quelques heures la pause s'impose«, »Nach einigen Stunden ist eine Pause geboten«. Das ist eine nützliche Devise für eine extrem beschleunigte Welt. Wir werden sehen, ob die Entschleunigung der Abläufe auf globaler Ebene zu etwas Gutem führt. Ich glaube nicht daran. Die Pest im 14. Jahrhundert hat den Aufstieg Europas nicht aufgehalten, und das tausendmal harmlosere Virus wird den Aufstieg Chinas nicht aufhalten.

ONO-DIT-BIOT *Die Lage in China scheint sich zu beruhigen. Ist das die Rache der autoritären Regime an den Demokratien, denen man vorwirft, zu lax zu sein und ihre Bevölkerung nicht genug zu schützen? In Frankreich hat die Regierung trotz allem die Wahlen stattfinden lassen, und das hat zu Gerede geführt ...*

SLOTERDIJK Keine Sorge, das westliche System wird sich als ebenso autoritär erweisen wie das chinesische. Der Hauptfehler ist hier, genau wie in China, daß fast alle geschützt werden, die nicht besonders bedroht sind, und man den Schutz der Risikogruppen vernachlässigt.

ONO-DIT-BIOT *»Unsere eher mittelmäßige Tatkraft wird uns Europäer retten«, sagten Sie uns beim letzten Mal. Aber existiert Europa, das sich gerade in seine Einzelstaaten zurückzieht, überhaupt noch? Oder nur in den Reden des französischen Präsidenten?*

SLOTERDIJK Ich freue mich sehr, daß es in Europa wenigstens noch einen Europäer gibt! Nein, ganz im Ernst: Man kann nicht sagen, daß Europa am Ende ist. Es stimmt zwar, daß heute recht viele europäische Länder ihre Politik der Immunisierung an den Ländergrenzen orientieren. Aber das ist nicht unbedingt ein Rückzug auf die nationale Identität, sondern reflektiert eher die Tatsache, daß die Möglichkeit, im Einklang mit der gültigen Rechtsordnung zu handeln, auf den Bereich der nationalen Gesetze beschränkt ist. All diese Einschränkungen werden verschwinden, wenn die Krise vorbei ist. Schade für den Teil der Bevölkerung, der darüber eine gewisse Befriedigung empfunden hat – als wäre der Streß der Globalisierung, der weltweiten Konkurrenz, der Mobilitätsdiktatur aufgehoben worden. Irrtum. All das wird mehr oder weniger schnell wieder losgehen, und zwar noch stärker als zuvor, unter dem Vorwand, daß man die Verluste wieder wettmachen muß.

ONO-DIT-BIOT *Wie können wir in der Zwischenzeit mit der Situation zurechtkommen?*

SLOTERDIJK Zunächst indem wir wegen des Lockdowns vielleicht mehr lesen können, und zwar eher Boccaccio als Camus. Damit meine ich folgendes: Im Moment sprechen wir oft über den Roman *Die Pest* von Camus, der, glaube ich, in den französischen Buchhandlungen alle Rekorde gebrochen hat. Bevor sie schließen mußten ... Das wahre Thema der *Pest* sei »der europäische Widerstand gegen den Nazismus«, wie Camus an Barthes geschrieben hat. Das ist schwer übertragbar ... Bei Camus geht es eigentlich nicht um die Pest. *Das Dekameron* von Boccaccio aber gibt uns Hinweise ... Dieses Meisterwerk wurde während der größten Krise Europas verfaßt, der schwarzen Pest im 14. Jahrhundert, die durch einen biologischen Krieg gegen Kaffa, eine mit Genua verbündete Handelsstadt am Ufer des Schwarzen Meeres, ausgelöst wurde. *Das Dekameron* ist die Geschichte eines Rückzugs auf das Land. Um sich von der Krankheit abzulenken, die die Stadt befällt, ziehen zehn junge Florentiner in die ländlichen Hügel und führen eine einfache Regel ein: Jeder muß jeden Tag den anderen eine Geschichte erzählen. Und zwar zu einem Thema, das im voraus von dem- oder derjenigen bestimmt wurde, der oder die zum König oder zur Königin des Tages gewählt worden ist. Am ersten Tag erzählt man eine Geschichte »von dem, was jedem am meisten beliebt«. Am zweiten geht es um »Menschen, die nach dem Kampfe mit mancherlei Ungemach wider alles Hoffen zu fröhlichem Ende gediehen sind«. Kurz, man erzählt sich Geschichten, die Lebenslust entfachen. Gerade jetzt gibt es nichts Besseres! Die Münchner Variante: Auf dem Höhepunkt einer Pestepidemie im 16. Jahrhundert tanzten die Küfer auf den Straßen der Stadt, um den Gemeinschaftssinn wiederzubeleben. Eine andere Fährte: eine nicht existierende Wissenschaft studieren, die Labyrinthologie.

ONO-DIT-BIOT *Labyrinthologie?*

SLOTERDIJK Im wörtlichen Sinne: die Wissenschaft von den Labyrinthen. In einem Labyrinth muß man damit rechnen, daß man den Weg zum Ausgang nicht beim ersten Versuch findet. Was zählt, ist ein gutes Gedächtnis für Weggabelungen. Bis jetzt haben die angeblich vernünftigen Leute an der Weggabelung zwischen »Nichtstun« und »Lockdown« die zweite Option gewählt, so irrwitzig uns diese mit ihren maßlosen Verordnungen auch erscheinen mag. Man tut so, als ob man den obskuren Feind besiegen könnte, indem man ihm so viele Hindernisse wie möglich in den Weg legt, während die Spezialisten der Immunologie erklären, daß ein neuer Normalzustand erst dann eintritt, wenn zwei Drittel oder drei Viertel der Bevölkerung eine Virusinfektion durchgemacht haben. Indem man die Verbreitung des unbekannten Angreifers um jeden Preis aufhalten will, wählt man eine Abzweigung, die zu einer verschlossenen Tür führt. Bald werden wir sehen, daß die Politikwissenschaft, die Immunologie, die Ökologie und die Labyrinthologie vor einer Reihe gemeinsamer Herausforderungen stehen. Lassen Sie uns also diese neue Wissenschaft entwickeln, wir werden sie brauchen.

(Aus dem Französischen von Sophie Nieder)

Für Übertreibungen ist kein Platz mehr

Im Gespräch mit Adam Soboczynski*

SOBOCZYNSKI *Herr Sloterdijk, man muß Gespräche in diesen Zeiten ungewohnt beginnen: Wie geht es Ihnen eigentlich gesundheitlich?*

SLOTERDIJK Meine Ärztin hat gerade eine Generaluntersuchung begonnen. Im großen und ganzen geht es erträglich, aber ich bin seit Jahren ein fleißiger Apothekenbesucher.

SOBOCZYNSKI *In der Corona-Krise scheinen Sie nicht sehr von Gesundheitsängsten geprägt zu sein. Sie haben vor Übertreibung staatlicher Maßnahmen gewarnt.*

SLOTERDIJK Na ja, ganz ohne Sorgen bin ich nicht. Es bleibt im Frühling nicht aus, daß man vor sich hin hustet. Oder denkt, man habe erhöhte Temperatur. Fieber ist eine sich selbst wahr machende Metapher, bei einzelnen wie bei Populationen, ein wenig Hysterie vorausgesetzt.

SOBOCZYNSKI *Nun haben Sie in einem Interview, das Sie vor zwei Wochen dem französischen Magazin* Le Point

* Dieses Gespräch zwischen Peter Sloterdijk und Adam Soboczynski erschien unter dem Titel »Für Übertreibungen ist kein Platz mehr« in der *Zeit* (8. April 2020).

18

gaben, gegen die biopolitischen Maßnahmen des französischen Staates polemisiert. Der französische Philosoph Alain Finkielkraut zeigte sich daraufhin entsetzt. Angesichts der zahlreichen Toten in Paris haben Sie offenbar viele irritiert.

SLOTERDIJK Im Gegenteil. Ich weiß, daß viele aufgeatmet haben, weil endlich mal in einem anderen Ton gesprochen wurde. Man muß in Zeiten der Corona-Krise auch über Alternativen diskutieren dürfen. Verwunderlich sind doch die Verordnungsregierungen in aller Welt und die märchenhafte Geschwindigkeit, mit der sich größere und kleinere Nationen in eine Schockstarre versetzen lassen. Es zeigt sich eben, daß der Staat etwas ganz anderes ist, als wir bislang gedacht haben. Für alle war klar, daß wir nicht mehr die Bevölkerungen der Militärstaaten sein können, die sich im 19. Jahrhundert entwickelt hatten. Man meinte, das System habe sich zu einer großen Versorgungsmaschine gewandelt. Daß aber ein so mächtiger Verfügungsstaat, ein wohlmeinender Leviathan, entstanden war, das mußte erst mal bewiesen werden. Alles, was gestern beschlossen wurde, Ausgehverbote in Friedenszeit etwa, galt noch vorgestern als völlig unmöglich.

SOBOCZYNSKI *Der allgemeine Gehorsam verwundert Sie?*

SLOTERDIJK Macron hat den Kriegszustand beschworen. Das war eine rhetorische Figur, sie floß aber unmittelbar in politisches Handeln ein. Frankreich hat extreme Hausarrestregeln. Für jedes einzelne Hinausgehen auf die Straße braucht man ein legitimierendes Papier. Die Kriegsrhetorik führt in die Irre, denn gegen das Virus machen wir ja nicht mobil, wir demobilisieren: »Weil Krieg ist, bleiben wir zu Hause!« Das erinnert fast an den 68er-Spruch: »Stell dir vor, es ist Krieg, und keiner geht hin.« Die Amerikaner laufen seit langem gern in dieselbe rhetorische Falle. Doch was jetzt zählt, ist Mobilitätsverzicht, also das Unamerikanischste, das sich denken läßt.

SOBOCZYNSKI *Das stimmt für die Zivilbevölkerung. Aber wären die Soldaten nicht bis zuletzt die beweglichsten Teile der Gesellschaft? Wenn es etwa um die Grundversorgung der Bevölkerung geht?*

SLOTERDIJK Die Soldaten werden als Reservetruppen für Polizeiaktionen verwendet. Für sanitätspolizeiliche Maßnahmen kann man wohl auf sie zurückgreifen. Wir befinden uns nicht im Krieg, sondern in einem medizinisch-sekuritären Notfall. Die Helfer geben ihr Äußerstes, auch ohne Tagesbefehl und Flaggenparade.

SOBOCZYNSKI *Wer sagt, die Maßnahmen des Staates seien zu radikal und sie gefährdeten den Liberalismus des Westens, muß sich die Frage nach Alternativen gefallen lassen. In Paris werden derzeit Kranke mit TGVs in Provinzkrankenhäuser gebracht, weil die Stadt sie nicht mehr versorgen kann.*

SLOTERDIJK Es gibt Staaten, die weniger martialisch vorgehen als andere. Das deutsche Prozedere scheint mir plausibel, streng, doch unfanatisch. Ich glaube im übrigen nicht, daß sich Politiker hinter wissenschaftlichen Experten verstecken dürfen. Gerade in Frankreich war das Mißtrauen gegenüber der Politik traditionell hoch, heute versagt es. Das überrascht nicht: Seit einem Vierteljahrhundert erleben wir in der ganzen westlichen Welt, daß Freiheitsthemen gegenüber Sicherheitsthemen zurückgedrängt werden. Im Rückblick wird die Corona-Krise eine Verstärkung dieses Trends markieren.

SOBOCZYNSKI *Es gibt Länder, die noch totalitärer mit der Krise umgehen als der Westen. Zum Beispiel China, ein Einparteienstaat, der die Bevölkerung mit Handy-Apps überwacht. Dieser digitale Leninismus ist dem Westen bislang erspart geblieben, oder?*

SLOTERDIJK Ich bin nicht sicher, ob nicht auch er exportfähig ist. Wir werden vielleicht solche Produkte bald einführen. Sozialkybernetik ist ein Trendartikel.

SOBOCZYNSKI *Es fällt beinahe schwer, sich vorzustellen, daß die bisherigen Quarantänemaßnahmen wieder zurückgenommen werden könnten.*

SLOTERDIJK Normalität erscheint momentan fast utopisch, und die Frühlingssonne wirkt seltsam ironisch. Doch läßt sich auch eine große Solidaritätsstimmung beobachten, spontane Nachbarschaftshilfe beispielsweise,

das ist schon beeindruckend. Nachbarn, die sich jahrelang ignoriert haben, kommen aufeinander zu.

SOBOCZYNSKI *Glauben Sie, die Hilfsbereitschaft ist national konnotiert?*

SLOTERDIJK Nein, ich halte die europäische Desinte-
gration für eine optische Täuschung. Die Handlungsfä-
higkeit der Exekutiven in Europa ist erst einmal nur im
Rahmen national formatierter Rechtsräume gegeben. Wir
können mit unseren Gesetzen nicht die Franzosen retten
und die uns nicht mit ihren. Europa ist ein Patchwork
von abgegrenzten Territorien des Rechtsvollzugs. Aber
das ändert sich vor unseren Augen. Denken Sie an die
Wissenschaftlergemeinschaften, die grenzübergreifend
zusammenarbeiten, oder an Kranke, die über Landesgrenzen hinweg versorgt werden. Deutsche Virologen te-
lefonieren täglich mit Kollegen in Paris, in China, in den
USA. Es gibt nicht nur den lokalen Überwachungsstaat,
sondern auch eine europäische, eine weltweite Vernet-
zung, die hoffen läßt.

SOBOCZYNSKI *Vielleicht zeigt sich in Europa gerade,
daß unterschiedliche Ordnungsmuster auf so engem Raum
wenig sinnvoll sind?*

SLOTERDIJK Die Rückkehr zur Liberalität wird als eine
europaweit allgemeine und nicht bloß als nationale Frage gestellt werden. Die Sondermandate der Exekutiven
müssen zu gegebener Zeit abgelegt werden. Ob einer

wie Orbán dazu bereit sein wird, ist zu bezweifeln. Ich kann mir aber nicht vorstellen, daß die europäischen Staaten solche Alleingänge in Zukunft tolerieren. Orbáns gesammelte Frechheiten sind nur unter der Prämisse denkbar, daß Europa es nicht so ernst meint. Bei der Rückkehr zur liberalen Normalität wird man es ihm weniger leichtmachen.

SOBOCZYNSKI *Bisher hat man Sie in Ihren Gesellschafts-analysen eher als fröhlichen Zyniker erlebt. Woher rührt Ihr neuer Optimismus?*

SLOTERDIJK Es wirkt immer rufschädigend, wenn der Verdacht aufkommt, man sei ein guter Mensch. Ich bin hier aber ganz beim Kollegen Platon. Sinngemäß sagte der: Kein Mensch irrt gerne, und einen wirklich bösen Willen findet man selten. Deswegen sind die wirklich Bösartigen ja hin und wieder so erfolgreich, weil die Gutgesinnten widerstandslos sind und sich überrollen lassen.

SOBOCZYNSKI *Intellektuelle haben in der vergangenen Zeit-Ausgabe einen Aufruf für einen Corona-Fonds veröffentlicht, um notleidenden Staaten zu helfen. Wären Sie auch dafür?*

SLOTERDIJK Ich meine, man sollte sentimentale Menschen niemals mit geldpolitischen Angelegenheiten betrauen. Geldpolitik ist eine Grausamkeitspraxis, darin der Katastrophenmedizin verwandt. Der Wohlmeinende verteilt Mittel, die er nicht hat, mit offenen Händen. Ob ein Corona-Fonds sinnvoll ist, will ich nicht beurteilen, aber es kommt mir vor, als ob zu viele Laien auf dem Gebiet der Finanzpolitik dilettieren.

SOBOCZYNSKI *Wir haben zuletzt 1989 erlebt, daß ein einziges Thema über viele Wochen so präsent ist, daß alle anderen wie weggewischt wirken. Noch vor wenigen Wochen dachte man, die zwanziger Jahre werden chaotisch, weil hierzulande* Rechtspopulisten *die Macht übernehmen. Sogar diese Debatte scheint an den* Rand *gedrückt.*

SLOTERDIJK Wir erleben ein großes medientheoretisches Seminar. Man erkennt, im Ausnahmezustand entsteht Monothematismus. Dann sieht man erst richtig, wie moderne Gesellschaften in ihren Stimmungen von Tag zu Tag gewoben sind. Dank der Medien leben wir in Erregungsräumen, die durch wechselnde Themen gesteuert werden. Themen sind Erregungsvorschläge, die von der Öffentlichkeit angenommen werden oder nicht. Dabei schießen die Medienmacher immer etwas Übertreibung zu. Denken Sie an die AfD-Aufregung im Lande: Sie ist ein Luxusthema für unterbeschäftigte Übertreiber. Denken Sie an die MeToo-Welle: Sie hatte einen ernsten Kern, um den lagerten sich sofort die Übertreibungsunternehmen an. Denken Sie vor allem an den Terrorismus: Über den wurde zumeist im Modus der Halbernsthaftigkeit berichtet, man durfte und mußte immer zusätzlich übertreiben. Ein Mann wird getötet, 82 Millionen sollen sich bedroht fühlen, die freiheitliche Demokratie wankt.

SOBOCZYNSKI *Sie meinen, die Medien verfehlen ihre Aufgabe, maßvoll zu informieren?*

SLOTERDIJK Aus der Sicht der Medien ist etwas, das passiert, nie schlimm genug. Man weiß ja nie, was wie schlimm ist. Das entspricht im übrigen der klassischen Rhetoriklehre. Quintilian sagte: Bei Gegenständen, deren Bedeutung und Dimension nicht sicher bestimmt werden können, ist es besser, zu weit zu gehen als nicht weit genug.

SOBOCZYNSKI *Und jetzt übertreiben wir bei Corona?*

SLOTERDIJK Bei Corona erleben wir zum ersten Mal, daß die Anfangsübertreibungen durch die Geschehnisse eingeholt werden. Das ist ganz neu. Zuerst dachte man, die Medien schreiben die Dinge hoch, weil es ihr Job ist, zu übertreiben. Aber nein, heute ist eine nüchterne Beschreibung der Verhältnisse in italienischen, französischen, spanischen Krankenhäusern schlimm genug, um Nachrichtenwert zu haben; tendenziell ist es sogar zu schlimm für realistische Berichte. Wir zählen Leichen, für Übertreibung ist kein Platz mehr. Die Medien würden jetzt lieber die Probleme verkleinern, statt zu dramatisieren. Die Zahlen steigen, die Bilder halten sich zurück. Sehr ungewohnt.

SOBOCZYNSKI *Vielleicht gibt es keine Möglichkeiten für die Medien, auf Naturereignisse in gewohnter Weise zu reagieren. Man wird auch bei einem Kometeneinschlag nicht noch zusätzlich anheizen können.*

SLOTERDIJK Man befreundet sich auch nicht mit dem Gedanken, daß halbe Regierungen infiziert sind und in die Klinik ziehen. Wenn der britische Premierminister fiebert und unter Quarantäne Reden hält, hat das etwas Unwirkliches, fast Karnevalistisches. Die letzten Vergleichsgrößen, auf die wir uns beziehen können, sind die Pestwellen, die zwischen dem 14. und 17. Jahrhundert wüteten. Die Spanische Grippe zwischen 1918 und 1920 war zwar so verheerend wie eine globalisierte Pestwelle, ist aber kaum ins kollektive Gedächtnis eingegangen. Dagegen ist das Coronavirus harmlos. Es gehört übrigens zu den Ironien unserer Kultur, daß Forscher im naturwissenschaftlichen Bereich unsterblich werden, indem sie ihren Namen einer todbringenden Krankheit geben. Der Pestbazillus Yersinia pestis ist nach dem Forscher Alexandre Émile Jean Yersin benannt, der die Mikrobe 1894 isolierte. Es ist wie beim humanistischen Doktor Joseph-Ignace Guillotin, nach dem die Hinrichtungsmaschine benannt wurde. Er hatte aus Gründen der Menschlichkeit für sie plädiert. Ein deutscher Klavierbauer hat sie dann hergestellt, ein frühes Beispiel einer deutsch-französischen Zusammenarbeit.

SOBOCZYNSKI *Lohnt derzeit eigentlich die Lektüre von Camus' Roman* Die Pest?

SLOTERDIJK Camus' *Pest* ist eine Metapher. Sein Roman handelt von Feigheit und niederträchtigem Konformismus in diktatorischen Zeiten – das paßt nicht zur Situation. Wenn wir ängstlich sind, sind wir uns doch unserer demokratischen Rechte bewußt. Aber das alte Gesetz, daß nach einer Krise etwas immer bleibt, bleibt in Kraft. Wir entwickeln derzeit ein heikles, leicht unheimliches Gegenseitigkeitsbewußtsein. Der Mitmensch erscheint wie ein Umkehrbild des Vampirs, er saugt nicht ab, er flößt etwas ein: Der Nächste könnte unbewußt ein Virenträger sein. Mit Corona wird der symptomfreie *spreader* zu einer bleibenden Figur werden. In Amerika deutet sich das übrigens seit längerem an, wo bestimmte Leute als *toxic persons* bezeichnet werden. Da bricht der Puritanismus als Hygienismus durch. Ein Schritt weiter, und wir landen bei der toxischen Männlichkeit und entsprechenden Detox-Kuren.

SOBOCZYNSKI *Amerikas Kampf gegen das Coronavirus wird durch eine Reinheitsfantasie flankiert?*

SLOTERDIJK Vor dem *war on terror* war in den USA der *war on cancer* ausgerufen worden. Die Sprachen des Krieges und der Medizin waren schon verschaltet. Trump hatte abgewiegelt und so die Notsituation miterschaffen. Er muß gedacht haben, daß das Virus sich nur in ungewaschenen Ländern verbreitet.

SOBOCZYNSKI *Es droht auch in den USA, daß die Triage praktiziert werden muß, also daß man wie in Lazaretten nach Schwerstverletzten, Schwerverletzten und Leichtverletzten sortiert und entscheidet, wen man zuerst behandelt, wen später, wen gar nicht.*

SLOTERDIJK Die Triage, die aus der Kriegsmedizin kommt, findet heute ja nicht nur in Krankenhäusern statt, obwohl sie für die Beteiligten dort am meisten herzzerreißend ist. Ich höre noch die Stimme eines Arztes aus der Region Bergamo, der sagte mit unsicherer Stimme: Ich weine nach innen – *piango dentro*.

SOBOCZYNSKI *Werden wir etwas aus der Krise lernen?*

SLOTERDIJK Ohne Zweifel. Wir erleben den Beginn eines Zeitalters, dessen basale ethische Evidenz ich in meinem Buch *Du mußt dein Leben ändern* als Ko-Immunismus bezeichnet habe. Anders als im Kommunismus geht es nicht um eine Produktions- und Güterverteilungsgemeinschaft, sondern um das Einschwören der Individuen auf wechselseitigen Schutz. Eine immunologische Risikogemeinschaft, die weltweite Solidarität verlangt, ist allem Schrecken zum Trotz denkbar. Die moderne Menschheitsgeschichte beginnt 1492 mit der Entdeckung Amerikas. Heute läuft sie aus, da wir im Prinzip alle im gleichen Transaktionsraum angekommen sind, wenn auch mit abgestuften Risiken.

SOBOCZYNSKI *Es gibt kein außen mehr, nur noch den Weltinnenraum.*

SLOTERDIJK Ja, aber es ist nicht mehr nur der Weltinnenraum des Kapitals, das Vernetzungen erzeugt, sondern der Raum der Menschheit als biomassisches Ensemble, das durch Ko-Immunitäten geformt wird. Wir existieren aufgrund des Weltverkehrs seit einer Weile wie eine Riesenpetrischale für mikrobische Experimente. Globalisierung bedeutete seit je Reiseerleichterung für Mikroben – das ist seit der Ankunft der Syphilis in Neapel mit den zurückgekehrten Kolumbusschiffen von 1493 evident. Je beweglicher, desto riskanter. In den schwarzen Quartieren von Südafrika heißt die Corona-Seuche jetzt noch *the white man's disease*. Das wird sich bald ändern.

SOBOCZYNSKI   *Wir leben in einer Zeit, in der es schwierig ist, sich zu verlieben. Man könnte sich anstecken.*

SLOTERDIJK   Das Liebesobjekt ist neuerdings ein möglicher symptomfreier *spreader*. Man könnte auch sagen: Das Objekt hat zu allen bestehenden Optionen, dich unglücklich zu machen, noch eine hinzubekommen.

Ko-Immunismus im Zeitalter von Pandemien und Klimawandel

Im Gespräch mit Nathan Gardels*

GARDELS *Das Aufkommen der Kybernetik bedeute das Ende abendländischer Metaphysik, lautet ein berühmt gewordener Ausspruch Martin Heideggers aus den sechziger Jahren. Was, glauben Sie, meinte er mit dieser Aussage, und inwieweit stimmen Sie mit ihr überein?*

SLOTERDIJK Nicht nur die Lektüre von Norbert Wiener, bekannt als der Vater der Kybernetik, brachte Heidegger zu dieser Annahme. Er war mit allen Debatten unter Theologen und Ingenieuren über die allmähliche Überwindung der Kluft zwischen der von Gott geschaffenen Natur und den von Menschenhand gemachten Werkzeugen und Erfindungen seit dem 17. Jahrhundert vertraut. Diese wußten, daß die in der Natur beobachteten Gesetzmäßigkeiten systematisch von Maschinen wiederholt werden konnten, die so konstruiert waren, daß sie mit Hilfe der instrumentellen Vernunft einen bestimmten Zweck erfüllen konnten. Als die ersten Automaten entstanden, regten sie zahllose Fantasien über künstliche Humanoide an.

Zu Heideggers Zeit war die Kybernetik nur der letzte

---

* Dieses Gespräch zwischen Peter Sloterdijk und Nathan Gardels erschien unter dem Titel »Co-Immunism In The Age Of Pandemics And Climate Change« im *Noema Magazine* (12. Juni 2020).

Schritt dieser Entwicklung, den Geist zu materialisieren und ihn dadurch zu transformieren. Die klassische Unterscheidung zwischen Seele und Dingen, Geist und Materie, Subjekt und Objekt, Freiheit und Technik kann Entitäten, in denen Geist und Materie essentiell verbunden sind, nicht gerecht werden. Die Kybernetik als die Theorie und Praxis intelligenter Maschinen und moderner Biologie, als Wissenschaft von System-Umwelt-Einheiten zwingt uns dazu, die Frage alter metaphysischer Unterscheidungen neu zu stellen.

Hierbei wird Hegels Konzept des objektiven Geistes zum Grundsatz der Information. Information tritt zwischen Gedanken und Dingen als dritter Wert auf, zwischen dem Pol der Reflexion und dem Pol der Dinge, zwischen Geist und Materie. Intelligente Maschinen erzwingen – wie alle kulturellen Artefakte – die Anerkennung des Geistes. Reflexion oder Denken fließen in Materie ein und verbleiben dort, um neu gefunden und weiterentwickelt zu werden. Maschinen und Artefakte sind also Erinnerungen oder Überlegungen, die verobjektiviert werden.

GARDELS *In einem berühmten Interview mit dem Nachrichtenmagazin* Der Spiegel *von 1966 antwortete Heidegger auf die Frage nach dem Ende der Metaphysik: »Nur noch ein Gott kann uns retten.« Was wollte er damit sagen?*

SLOTERDIJK Heidegger glaubte, moderne Technologie entwurzele den Menschen und beraube ihn seiner Zeit und seines Ortes und damit seiner geistigen Fundamente. Seine Aussage, »nur noch ein Gott kann uns retten«, brachte die Befürchtung zum Ausdruck, daß etwas, das die vorsokratischen Griechen begriffen hatten, durch den Sieg der Technik verlorenginge oder vergessen werde. Er nannte dies »Seinsvergessenheit«. Es ist nicht leicht zu sagen, was er unter »Sein« verstand. Vielleicht war damit die Idee gemeint, daß es im Universum eine Gnade gibt, das Geschenk einer spontanen Wahrheitsqualität oder eines inneres Lichts, entzündet durch die unerwartete Erfahrung eines Gegebenen. Maschinen könnten angesichts ihres programmierten Zwecks niemals etwas Originelles herstellen oder erfassen, das nicht in Zeit oder Ort verwurzelt ist und außerhalb eines bestimmten Musters auftaucht. Der Grund, weshalb uns nur noch ein Gott retten kann, findet sich in unserer Fixierung auf Macht, Kontrolle über die Natur, einer Verdinglichung von allem, durch die die gesamte Natur zu roher Materie wird. Nur ein Gott kann uns von diesem ontologischen Kannibalismus erlösen.

GARDELS *Yuval Noah Harari, der Autor von* Homo Deus, *meint, ein neuer Gott sei aufgetaucht: Daten. Die Vorstellung von Organismen als Algorithmen, durch die KI und synthetische Biologie entstanden sind. Harari sagte mir in einem Interview: Die Geschichte der Menschen »endet, wenn Menschen« durch ihre eigenen Kreaturen »zu Göttern werden«. Hat der technologische Fortschritt, der die abendländische Metaphysik beendet hat, seinen eigenen Gott erschaffen?*

SLOTERDIJK Ungeachtet der von Harari genannten gottähnlichen Allwissenheit würde ich Daten nicht den neuen Gott nennen, sondern ich sehe sie als Grundlage einer neuen philosophischen Perspektive, die über die alten Erklärungen der Metaphysik hinausweist. Der Mensch hat mit seinen Werkzeugen also sich selbst und die Natur bezähmt und ist so zum Mitschöpfer des Seins geworden, auch seines eigenen Seins.

GARDELS *Der chinesische Philosoph Yuk Hui, Autor von* The Question Concerning Technology in China, *ist der Ansicht, daß KI und synthetische Biologie, die die metaphysische Trennung zwischen Subjekt und Objekt und zwischen Kultur und Natur aufheben werden, zurück zu östlicher Philosophie führen, in der es nie diese abendländische metaphysische Trennung gab. Der Taoismus hat immer eine untrennbare Einheit zwischen »Tao« und »Qi« gesehen, dem Geistigen und dem Materiellen, dem Kosmos und irdischer Existenz.*

Treffen sich West und Ost, wenn Kybernetik, KI und Genetik die Metaphysik abschaffen? Obwohl Heidegger glaubte, die Antwort müsse in den Wurzeln der Kultur liegen, aus der diese Frage erwuchs: Ist nicht die taoistische Sichtweise genau die neue Philosophie, nach der Heidegger suchte?

SLOTERDIJK Abstrakt gesehen kann man sagen, daß der Geist des Taoismus diesem neuen Bewußtsein nahekommt. Aber in Wirklichkeit wurde das östliche Denken durch die instrumentelle Vernunft der westlichen Aufklärung, die in den letzten Jahrhunderten weltweit die Vorherrschaft übernommen hat, kolonisiert. Paradoxerweise ist das alte asiatische Weltbild genau in dem Moment, indem sich seine Wahrheit erneut als plausibel erweist, dort, woher es stammt, verlorengegangen.

GARDELS *Der deutsch-schweizerische Philosoph Karl Jaspers prägte den Begriff der Achsenzeit, in der alle großen Religionen und ethischen Systeme – Konfuzianismus in China, die Upanischaden und der Buddhismus in Indien, die frühen griechischen Philosophen, die jüdischen Propheten, der Zoroastrismus in Persien – gleichzeitig in der Mitte des ersten Jahrtausends v. Chr. in einem synchronen Parallelismus der Kulturen entstanden.*

1949, dem Jahr, in dem Jaspers seine Achsenzeit-Theorie veröffentlichte und er intensiv über Nuklearwaffen nachdachte, ahnte er, daß Fortschritte an den Grenzen von Wissenschaft und Technik den Boden für eine neue Achsenzeit bereiten könnten, in der ganz neue Glaubenssysteme und Verhaltenscodizes entstehen könnten. Dies ist heute mit dem Aufkommen der künstlichen Intelligenz, der synthetischen Biologie und dem Bewußtsein des Klimawandels wahrscheinlicher denn je.

Sehen Sie einen neuen Wendepunkt auf uns zukommen – diesmal in einer synchronisierten und miteinander verbundenen Welt? Wird ein gemeinsames globales Ethos entstehen?

SLOTERDIJK Es mag ein Fehler von Jaspers gewesen sein, Mesopotamien und Ägypten aus seinem Konstrukt der

Achsenzeit auszuklammern, weil sie nicht in den von ihm zu etablierenden zeitlichen Rahmen paßten. Deutlich wird jedoch, daß dieser synchrone kulturelle Wandel in all diesen Zivilisationen im Übergang von mündlicher zu schriftlicher Kultur bestand, wodurch sowohl die innere Reflexion als auch die Transzendenz ermöglicht wurden: die Distanzierung von den eigenen unmittelbaren Umständen, um Sinnmuster mit anderen zu teilen. Sicher sind heute die Grundlagen für eine neue Achsenzeit gegeben, weil das größte Problem der Menschheit gegenwärtig ein durch Technologie synchronisierter, aber durch kein gemeinsames Narrativ vereinter Planet ist. Wir bilden noch keinen Superorganismus, wie manche meinen, sondern eine eher lockere Ansammlung höherstufiger Organismen. Der Klimawandel und die Notwendigkeit, alle Zivilisationen vor seinen Auswirkungen zu schützen, werden wahrscheinlich der Anstoß für die künftige Achsenzeit sein.

Wie ich in meinem Buch *Du mußt dein Leben ändern* (2009) geschrieben habe, war die Geschichte bislang die Geschichte von Immunsystemkämpfen und identisch mit der Geschichte des Protektionismus und der Externalisierung. Die Protektion bezieht sich immer auf ein lokales Selbst, die Externalisierung auf eine anonyme Umwelt, für die niemand Verantwortung übernimmt. Der Sieg des Eigenen, der heiligen Egoismen von Städten, Nationen und Glaubensrichtungen konnte immer durch die Niederlage des Fremden erkauft werden. Mit der Verschlechterung der fragilen atmosphärischen und biosphärischen Systeme der Erde hat die Externalisierung ihre absolute Grenze erreicht.

Von nun an wird ein Protektionismus des Ganzen zum Gebot dessen, was ich »immunitäre Vernunft« nenne. Der operationale Imperativ der Zukunft verlangt ein neues Bewußtsein, neue Gewohnheiten des Herzens, der Kooperation und Solidarität mit anderen und der Natur, um zu überleben und zu gedeihen. Ich nenne dies »Ko-Immunismus«.

Ich stimme mit dem britischen Historiker Arnold Toynbee überein, daß die Geschichte vom Aufstieg und Verfall der Zivilisationen ein Prozeß von Herausforderungen (»challenge«) und sachgerechten Antworten (»response«) ist. Wenn Herausforderungen eine neue spirituelle Kraft und ein kollektives Selbstbewußtsein hervorrufen, wird es in der Zivilisation Fortschritte geben. Falls nicht, wird sie scheitern.

Die meisten Menschen haben nur vage Vorstellungen von der wirklichen Bedeutung des Begriffs »Immunsystem«. Auf biologischer Ebene sind damit die inneren Verteidigungs- und Abwehrstrukturen eines Organismus gemeint. Deswegen könnte man so weit gehen zu sagen: »Leben ist die Erfolgsphase eines Immunsystems.«

Immunität ist aber nicht auf individuelle Organismen beschränkt – und genau dies muß man mit allen radikalen Konsequenzen lernen. Die Sicherheit von Gruppen hängt von der Fähigkeit ihrer Mitglieder ab, einander mit den Vorteilen individueller und kollektiver Immunität zu versehen. Was wir »Herdenimmunität« nennen – ein Begriff, der dieser Tage sehr häufig verwendet wird –, ist eine Form tiefer Gegenseitigkeit, die einen nur kollektiv zu erreichenden Schutzstatus bedeutet. Deshalb habe ich den Begriff Ko-Immunismus geprägt. Er ist Teil einer moralisch-politischen Reflexion, die zu einer neuen Definition von Zusammensein führt.

Die Coronavirus-Pandemie ist eine Notsituation, die einen deutlichen Hinweis darauf gibt, daß die Notwendigkeit von Ko-Immunismus eingetreten ist. In dieser Krise kann man bereits erkennen, daß es keinen Besitz von Immunitätsvorteilen gibt. Das Virus ignoriert Landesgrenzen, Zäune und Mauern. Jetzt ist der Moment gekommen, in dem man die Schutzvorrichtungen auch mit den am weitesten entfernten Mitgliedern der Menschen-Familie teilen muß. Das weltweite Gespräch zwischen Ärzten, die ihre besten Ideen ausgetauscht haben, um der neuen Bedrohung zu begegnen, hat etwas Sublimes.

Nur die globale immunitäre Vernunft würde eine solche Reaktion hervorrufen; sie liegt um eine ganze Stufe höher als der philosophische Idealismus oder der religiöse Monotheismus vergangener Zeiten. In diesem Sinn ist das, was ich »Allgemeine Immunologie« nenne, die legitime Nachfolgerin von Metaphysik und Religion. Sämtliche bisherigen Unterscheidungen von Eigenem und Fremdem, von Mensch und Natur brechen zusammen.

GARDELS *Heidegger sagte in seinem* Spiegel-*Interview, »daß alles Wesentliche und Große nur daraus entstanden ist, daß der Mensch eine Heimat hatte und in einer Überlieferung verwurzelt war«. Im 21. Jahrhundert ist der Planet diese Heimat. Dies ist eine Rückkehr zu der irdischen Verortungstugend auf planetarischer Ebene, eine Art Rückkehr zu der Ganzheit und Einheit des Ursprungs.*

SLOTERDIJK Ja, das meine ich. Heidegger hatte darin recht, daß Menschen im Grunde seßhafte Wesen sind. Seßhaft zu sein und einen höheren Grad von Mobilität zu erreichen, sind inzwischen nicht mehr unbedingt Gegensätze. Heute erkennen wir dank der Sicht auf die Erde aus dem Weltraum und der Erfahrung des Klimawandels und der Pandemie, daß die Erde unser Zuhause ist.

GARDELS *Wie Sie festgestellt haben, war der Übergang von mündlicher Tradierung zur Schriftkultur ausschlaggebend für die Entstehung der Achsenzeit. Die Innerlichkeit der Reflexion und die kritische Distanzierung von den unmittelbaren Lebensumständen hat die Transzendenz in das menschliche Bewußtsein gebracht. Diese »große Entbettung« des Menschen aus Natur und Gemeinschaft, wie der Philosoph Charles Taylor es nannte, hat wiederum das Aufkommen der theoretischen Kultur monotheistischer Religionen und ethischer Systeme gefördert, über die Grenzen individueller Erfahrung hinaus, was schließlich zur Aufklärung, Naturwissenschaft und der modernen Autonomie des Individuums geführt hat.*

Mit der neuen weltweiten Wahrnehmung der von Ihnen erwähnten Klimakrise, unserer Fähigkeit, nun mit synthetischer Biologie in die Evolution einzugreifen, und mit dem hyperintelligenten Potential der KI scheint es eine »Neueinbettung« von Transzendenz in der Natur und innerhalb der Grenzen technologischer Systeme zu geben, dergestalt, daß sich erneut die zentrale Position des Menschen vermindert und vielleicht sogar individuelle Autonomie ausgelöscht wird.

Welche moralischen und ethischen Codices könnten die-
se neue Ökologie des Seins untermauern, wenn die Mensch-
heit ihrer eigenen Transformation zustimmt? Werden wir
in der kommenden Epoche in der Lage sein, die mensch-
liche Autonomie, die von der Achsenzeit herkommt, zu be-
wahren?

SLOTERDIJK Wir dürfen nicht vergessen, daß der Begriff der menschlichen Freiheit und der Autonomie des
einzelnen nicht nur auf metaphysischen und religiösen
Annahmen wie dem Vorhandensein eines göttlichen Fun-
kens oder dem unveräußerlichen Geburtsrecht eines jeden Menschen basieren. Sie basieren auch auf kulturellen und technischen Gewohnheiten und Fähigkeiten
wie dem Entfachen von Feuer, der Herstellung von Ton-
gefäßen, der Schaffung von Skulpturen, dem Schmelzen
von Metall, dem Schmieden von Messern und Waffen,
der Zähmung von Haustieren, der Errichtung von Gebäu-
den, dem Reiten, dem Segeln – und der Beherrschung
der entsprechenden Sprachspiele. Die Stärke einer Person hängt von ihrer aktiven Teilhabe an diesen kulturellen Fähigkeiten ab.

Diese Kulturtechniken führen zu einer Autonomie
bei der Zusammenarbeit mit anderen und zur Kreativität als dem Willen, das Gefundene in Geschaffenes zu
verwandeln. Diese beiden Fähigkeiten des Menschen,
die in der Neuzeit ihren Höhepunkt fanden, werden auf
vielfache Art überleben, vielleicht nicht immer auf au-
thentische Weise. Die Welt ist schon jetzt voll von leerer
Anmaßung von Autonomie und der endlosen Vortäu-
schung von Kreativität.

GARDELS *Da das Körperliche und Materielle, aus dem Menschen ihre Werkzeuge herstellen, in verschiedenen Realitäten gegründet ist – Kontingenz –, wird aus ihrem Verschmelzen mit den intersubjektiven Bedeutungen transzendentalen Verstehens ein hybrides Wesen, das aus Archetyp und einzigartiger Individuation besteht, so wie jeder Musiker mit derselben Partitur einen unterschiedlichen Klang erzeugt.*

Nach Huis Meinung wird die weltweite Synchronisierung durch die westliche Moderne am Ende zerbrechen, weil sie ihren Lauf vollendet hat, und wieder den Raum für eine unvereinbare Diversität von Kulturen innerhalb einer verbundenen Einheit öffnen. Sehen Sie diese Dialektik auch?

SLOTERDIJK Das ist die eindeutige Hoffnung. Das Konzept der Anthropotechnik nimmt Bezug auf die gesamte Autopoiesis oder Selbstschöpfung der Menschheit mit ihren tausenden kulturellen Spezialisierungen. Es ist von Grund auf empirisch, pluralistisch und egalitär – in dem Sinn, daß alle Individuen als Erben des Menschheitsgedächtnisses frei sind, sich selbst zu übertreffen. Dazu gehört die beinahe klassische Idee, daß Menschen »mikrokosmoi« sind – heute würde man sagen kleine Fabriken –, eingebettet in die Super-Fabrik des großen Universums. Die Idee der Singularität, die von Leuten wie (dem amerikanischen Erfinder und Futuristen) Ray Kurzweil vorangetrieben wird, enthält im Gegensatz dazu futuristische, monistische und elitäre Elemente. Obwohl die Singularität entsprechend ihrer logischen und rhetorischen Architektur die gesamte Menschheit umfassen soll, ist offensichtlich, daß sie nur eine kleine Gruppe außergewöhnlicher transhumaner Individuen umfassen kann. Indem er von der Cloud und der Singularität spricht, positioniert sich Kurzweil selbst auf einem Gebiet, das von einer bereits obsoleten traditionellen Philosophie vorgeformt ist.

(Aus dem Englischen von Christiane Landgrebe)

Der Mensch ist nicht darauf vorbereitet, die Natur zu schützen

Im Gespräch mit Neil King und Gabriel Borrud*

Warum fällt es uns so schwer, unser Verhalten zu ändern? Der deutsche Philosoph Peter Sloterdijk erklärt, was dies mit der Klimakrise zu tun hat.

Peter Sloterdijk beschreibt Wandel als den modernen Begriff für etwas, das die klassische Philosophie Werden nannte, denn alles, was ist, existiert nicht in fester, dauernder Form, sondern muß erst zu dem werden, was es ist. Er sagt, Moderne bedeute, in diesen Prozeß des Werdens einzugreifen und ihn in eine Richtung zu lenken, die mit menschlichen Zielen besser zu vereinbaren ist.

KING/BORRUD *Wir verändern uns also ständig?*

SLOTERDIJK Ja. Natur im eigentlichen Sinn ist eine sich verändernde Entität. Und alles, was wir tun können, ist weiter auf der Welle der Veränderung zu reiten.

KING/BORRUD *Diese Welle wird angesichts der Gefahr des Klimawandels größer und größer werden, weshalb wir als Spezies gewaltige Veränderungen vornehmen müs-*

---

* Dieses Gespräch zwischen Peter Sloterdijk, Neil King und Gabriel Borrud wurde erstmals unter dem Titel »Humans are not prepared to protect nature« von der Deutschen Welle veröffentlicht (23. Juni 2020).

sen. Im Moment sieht es nicht danach aus, als wären wir dazu in der Lage. Wie kommt das?

SLOTERDIJK Der Mensch ist nicht darauf vorbereitet, die Natur in irgendeiner Weise zu schützen. Denn in unserer Geschichte als Spezies war es immer unsere tiefste Überzeugung, daß die Naturmächte dazu da sind, uns zu schützen. Auf diese Kehrtwende sind wir nicht wirklich vorbereitet. So wie ein Baby seine Mutter nicht beschützen kann, ist der Mensch nicht darauf vorbereitet – oder nicht in der Lage –, die Natur zu beschützen. Er muß lernen, mit dieser Unermeßlichkeit umzugehen. Dies ist eine immense Herausforderung, weil die klassische Ausrede, daß wir zu klein oder zu winzig sind, um mit solchen Unermeßlichkeiten umzugehen, nicht länger gilt.

KING/BORRUD *Hindert uns eine Art Narzißmus daran? Oder worin besteht das Problem?*

SLOTERDIJK Meines Erachtens ist dies ein riesiges Problem. Wir sind physiologisch kaum in der Lage zu ermessen, wie sich unser Verhalten auf den Kosmos auswirkt. Wir sind zutiefst überzeugt, daß egal, was wir tun, dies vergeben werden kann oder sollte. Von einem ökologischen Standpunkt aus leben wir in einer Zeit der verlorenen Unschuld.

KING/BORRUD *Habe ich Sie richtig verstanden, daß wir auf einer planetarischen Ebene alle nach Vergebung su-*

chen? Daß wir uns von dem, was wir angerichtet haben, reinwaschen wollen?

SLOTERDIJK Und es werden viele Sünden vergeben werden müssen. Und je mehr uns dies bewußt ist, desto größer ist die Wahrscheinlichkeit, daß wir eines Tages Verhaltensmuster entwickeln, um mit der neuen Lage umzugehen.

KING/BORRUD *Eine Frage, mit der wir uns in dieser Interviewreihe beschäftigt haben, ist die nach der Vergleichbarkeit der beiden Krisen. Unsere Reaktion auf die Pandemie erfolgte sofort, geradezu unglaublich schnell und einheitlich. Unsere Reaktion auf die Klimakrise scheint dagegen ins Stocken geraten zu sein oder zu geraten. Gibt es eine Möglichkeit, diese beiden Krisen aus einer ähnlichen Perspektive zu betrachten?*

SLOTERDIJK Unsere Antwort auf das Coronavirus zeigt, daß die Globalisierung durch die Medien ein beinahe abgeschlossenes Projekt ist. Die Welt als ganze ist mehr oder weniger synchronisiert und vereint sich zu einem Treibhaus für infektiöse Nachrichten. Die Infektion mit Nachrichten ist genauso effektiv, sogar noch effektiver als die mit dem Virus. Wir haben zwei Pandemien zu gleicher Zeit: eine Pandemie der Angst und eine echter Ansteckung.

KING/BORRUD *Sie sagen, die Moderne hemme uns dabei zu werden, wer wir sind. Können wir das, was wir sind, verändern?*

SLOTERDIJK   Ja. Allerdings meine ich nicht, wir könnten unsere DNA ändern, indem wir unser Denken verändern. Doch können wir die Grammatik unseres Verhaltens beeinflussen. Dies wird das 21. Jahrhundert die Weltgemeinschaft lehren …

KING/BORRUD   *Was bedeutet das: die Grammatik unseres Seins zu verändern?*

SLOTERDIJK   Nicht die unseres Seins, sondern die unseres Verhaltens. Die Grammatik unseres Verhaltens.

KING/BORRUD   *Was ist das?*

SLOTERDIJK   Alles, was wir tun, ist Teil einer Struktur – ähnlich wie bei einer Sprache. Und Handeln ist etwas, was von verborgenen Strukturen geregelt wird, so wie jeder Satz, den wir verfertigen, von Grammatik und Lexikon bestimmt wird. Auf der Ebene lexikalischer Veränderung fühlen wir uns immer noch unwohl. Wir lernen also jetzt neue Begriffe, ein neues Vokabular, aber nach und nach werden wir auch eine neue Grammatik lernen.

KING/BORRUD   *Wir befinden uns mithin in einem Prozeß, in dem die Bausteine einer Sprache zusammengesetzt werden. Meinen Sie, wir werden in der Lage sein, diese zu sprechen, bevor die Stunde der Zerstörung anbricht?*

SLOTERDIJK   Was mich während dieser Krise beeindruckt hat, war die unglaubliche Fügsamkeit, mit der große Teile der Bevölkerung des Westens – wie des Ostens – bereit waren, die neuen Regeln von Vorsicht und Abstand zu befolgen. Dies sind schon neue Elemente einer anderen sozialen Grammatik.

KING/BORRUD *Es ist doch aber auch ziemlich erschreckend, daß wir innerhalb weniger Wochen ohne weiteres grundlegende Freiheiten aufgeben ...*

SLOTERDIJK O ja. Zugleich zeigt sich jedoch, daß wir die Plastizität des menschlichen Elements nicht unterschätzen sollten. Doch wer weiß, wie lange dieses fügsame Verhalten andauern wird. Ich meine, wir sollten unsere Überlegungen in etwa einem Jahr fortsetzen. Ich wäre überrascht, wenn wir dann nicht etwas klüger wären.

KING/BORRUD *Da Sie vom menschlichen Element sprechen: Hat unsere Reaktion auf das Coronavirus – etwas, dem keiner von uns vorher begegnet war – Ihre Sicht auf das Menschsein irgendwie verändert?*

SLOTERDIJK Ja und nein. Ich bin natürlich genauso überrascht wie viele andere auch. Zugleich jedoch bestätigt sich hier etwas, was ich seit Jahrzehnten auf theoretischer Ebene entwickelt habe: meine Annahme nämlich, daß die Menschheit auf Grundlage von Informationsströmen eine Situation der globalen Synchronisierung erreicht hat. Wir sind global vernetzt und leben zunehmend in derselben Zeitdimension. Es herrscht so etwas wie die ewige Gegenwart der Globalisierung, und dies ist ein wichtiges Merkmal dieser Krise. Alles geschieht mehr oder weniger gleichzeitig. Die einzigen Unterschiede, die wir wahrnehmen, sind Verzögerungen zwischen verschiedenen Ereignisbrennpunkten. Im großen und ganzen gibt es aber eine große Kette von Ereignissen und starke Konnektivität.

KING/BORRUD *Peter, können Sie sich an das letzte Mal erinnern, an dem Sie eine Veränderung an sich selbst gespürt haben?*

SLOTERDIJK Ja, mit 33 erlebte ich eine tiefe Veränderung in meiner existentiellen Grundstimmung. Ich fuhr nach Indien und verbrachte dort vier Monate. Dies war ein umwälzendes Ereignis in meinem Leben. Doch ein ähnliches und am ehesten mit heute zu vergleichendes Ereignis waren, auch wenn dies wenig wahrscheinlich klingen mag, die sublimen Tage, als die Berliner Mauer fiel. Etwa zwei Monate lang konnte ich mich mit nichts anderem beschäftigen als mit politischen Nachrichten.

Dies war die sublime Musik der Wiedervereinigung. Als dies vorbei war, begriff ich, es war erst vorbei, als ich zum ersten Mal danach in der Lage war, einen normalen Film zu sehen. Jetzt warte ich auf den Moment, in dem ich wieder fähig bin, Musik zu hören und Filme zu sehen wie früher.

(Aus dem Englischen von Christiane Landgrebe)

Der Mensch, das Distanzwesen[*]

Menschliche Wesen sind nicht dafür gemacht, sich als Naturschützer zu verhalten. Sie bewegen sich in der sogenannten Natur anfangs wie eine Spezies unter anderen. Keine Ameise ist eine Naturschützerin, keine Boa constrictor, kein Löwe. Die Natur wird als die große Versorgerin betrachtet, in der eßbare Pflanzen und Tiere leben.

Mit den Pflanzen scheint eine Art von friedlicher Koexistenz a posteriori gegeben, sobald man die Lektion gelernt hat, wie Giftpflanzen von Nahrungspflanzen zu unterscheiden sind, die Pharmakon-Gewächse ausgenommen, die an der Grenze von Giften und Heilmitteln existieren. Das Zusammenleben mit den Tieren ist sehr viel problemträchtiger: Es gibt unter ihnen solche, die wir in unserer Eigenschaft als Omnivoren verzehrten, und solche, die in ihrer Eigenschaft als Carnivoren uns verzehrten. Das Abenteuer der Zivilisation begann damit, daß Menschen – das heißt in der Regel Männer – zur Jagd aufbrachen, um die Raubtiere zu übertreffen.

Moderne Jäger behaupten, sie betrieben eine Art von Naturpflege, indem sie die Wildbestände regulierten. Antike Jäger hätten eine solche Aussage kaum verstanden, sie jagten nicht als Naturschützer. Am Fuß des Felsens von Solutré im Burgund findet sich ein Massiv aus

* Dieser Beitrag erschien unter dem Titel »Machen wir einen Schritt zurück: über den Menschen als Distanzwesen und Lektionen aus der Pandemie« am 29. August 2020 in der *Neuen Zürcher Zeitung*.

versteinerten Knochen von Pferden, die über Jahrtausende von paläolithischen Jägern über die Klippe gejagt wurden – dort unten warteten die Stammesgenossen mit Steinmessern; nach jeder Treibjagd gab es Pferdefleisch im Überfluß.

Der Knochenfels bezeugt die völlige Abwesenheit von schützerischen Gedanken, obwohl die archaischen Menschen durchaus verstanden haben, daß Natur einen selbstregenerativen Prozeß darstellt. Den konnte man mit Gegengaben, sogenannten Opfern, unterstützen, im wesentlichen aber herrschte das Gefühl, das auch wir noch von ferne kennen: daß die Natur viel zu mächtig ist, zu eigengesetzlich, zu erhaben, zu riesenhaft, um vom Menschen irgendetwas erwarten zu müssen. Das Aussterben der Großtiere in allen Weltgegenden, in denen die Jagd zu intensiv betrieben wurde, beweist aber, daß das alte Naturgefühl naiv und falsch war.

Das Schema ändert sich erst seit der Industriellen Revolution. Im 18. Jahrhundert wird durch die neuen thermischen Kraftmaschinen das alte Ökosystem der Feuerstellen an häuslichen Herden, an Altären, in Schmiedewerkstätten und Keramikbrennereien umgestürzt. Die Industriegesellschaften erzeugen einen sekundären Vulkanismus, der die Erde permanent mit millionenfachen Mikroeruptionen überzieht. Was sind die bisherigen Automobile anderes als rollende Mikrovulkane?

Der Mensch und der Mensch

Daß Menschen oft dazu neigen, Mitmenschen als Gefahrenquelle zu betrachten, ist keine Folge der gegenwärtigen Corona-Pandemie, es ist auch keine Erfindung, die mit dem pseudobiologischen Rassismus des 19. Jahrhunderts aufkam. Claude Lévi-Strauss hat vor langem darauf hingewiesen, daß eine Dosis Xenophobie zum alten Erbe der Gattung Homo sapiens gehört.

Tatsächlich waren wir über Hunderttausende von Jahren Kleingruppenlebewesen; das Zusammenleben mit fremden Menschen in größeren Ensembles, in Völkern, in Nationen, in Imperien mußte spät und mühsam gelernt werden – und es ist nirgendwo ganz geglückt, wie man an Phänomenen wie Kriminalität, Asozialität, Suizidalität, Familienerosion erkennt.

Im übrigen ist Xenophobie in geschichtlicher Zeit nicht immer ein bloßes Vorurteil; sie drückt eine quintessentielle Erfahrung von Menschen mit anderen Menschen aus. Alle höheren Zivilisationen setzen die Ausweitung der Jagd auf Tiere zur Jagd auf Menschen voraus. So wie nicht jede Tierjagd mit der Schlachtung endet, so war nicht jede Menschenjagd auf die Tötung von Gefangenen ausgerichtet. »Zivilisation« ist ein möglicher Obertitel für die Domestikation von Tieren *und* die Versklavung von Menschen durch Menschen.

Beide Vorgänge besitzen eine Dialektik, da sowohl Haustiere als auch Sklaven nicht ohne die Autodomestikation der Tierhüter und der Herren zu halten sind. Die frühen Imperien sind stabilisierte Autodomestikations-

systeme, mit Königen, die Göttern gehorchten, und ver-
sklavten Populationen, die auf die Stimme des Herrn
dressiert waren, nicht zuletzt mit Hilfe von Religionen.
Wenn man im Schatten der Imperien lebte, war Frem-
denfurcht eine sinnvolle affektive Mitgift: Im »Anderen«,
im unheimlichen Fremden, im bewaffneten Besucher
konnte man einen potentiellen Sklavenjäger oder einen
virtuellen Plünderer vermuten – die Entwicklung der Gruß-
formen innerethnisch wie außerethnisch ist ein sehr span-
nendes Kapitel der Menschheitsgeschichte. Die Fremden-
furcht hat sich in heutiger Zeit nicht selten in ein System
von leerlaufender Feindseligkeit gegen die Schwachen
und die Flüchtenden entwickelt – wie ja so oft ältere affektive Dispositive (Vorratspaniken, Nahrungstabus, Mas-
kulinismen, Ehrencodizes) in der modernen Welt dys-
funktional werden.

Hochkultur und Täuschung

Es gehört zu den eindrücklichsten Merkmalen der Hoch-
kulturen, daß sie mitunter auf Täuschungen gebaut sind.
Moderne politische Großkörper, die Dutzende von Millionen von Menschen umfassen, sind ohne solche Fiktionen überhaupt nicht denkbar – sie erst schaffen einen
Verständigungshorizont unter Individuen, die sonst
nichts miteinander zu schaffen haben. Aber erst in der
Gegenwart hat der Wille zur Täuschung die höchste Stufe erklommen, jenseits der Ideologie, die stets mit einem
Wahrheitsanspruch einherging – die Stufe des Zynismus.

Der Zyniker lügt, ohne auch nur den Anschein zu erwecken, die Lüge bemänteln zu wollen – und er ist es zugleich, der die Lüge konsumiert, ohne sich dafür zu schämen.

Zynismus ist ein Teil des Unbehagens in der Kultur. Ich dachte damals, Anfang der achtziger Jahre, als ich die *Kritik der zynischen Vernunft* schrieb, es sei für Zynismusdeutung höchste Zeit. Wenn ich mich geirrt habe, dann darin, daß ich dachte, das Phänomen hätte im 20. Jahrhundert seinen Höhepunkt erreicht. Ich hätte erkennen sollen, daß der Komplex aus Zynismus, Immoralismus, Absurdismus, Ironismus und Frivolitätskultur das ganze 21. Jahrhundert für sich haben würde, allem neuen Moralismus zum Trotz.

Um es sehr einfach auszudrücken: Zynismus von oben entsteht, wenn einzelne Menschen glauben, sie seien zu mächtig, um sich an die Spielregeln zu halten – sie spielen mit den Regeln selbst. Im Zynismus von unten kommt die Bitterkeit von Menschen zu Wort, die glauben, sie seien zu benachteiligt, um sich an Normen zu halten, die für alle gelten wollen, doch eher für Bessergestellte gemacht scheinen. In beiden Phänomenen zeigt sich eine verwilderte Souveränität – sie haben darum oft auch eine amüsante Seite.

Zynismus von oben und Zynismus von unten treffen sich in Phänomenen wie Trumpismus oder Bolsonarismus. Beide »Staatsmänner« sind quasi prädestinierte Objekte der Witzanalyse und der Zynismusdeutung. Beide stellen die Präambel der amerikanischen *Declaration of Independence* in Frage, wonach es evident ist, daß alle

Menschen frei und gleich geboren seien. Im Blick auf sie – und mit Rousseau und der historischen Anthropologie im Rücken – möchte man eher sagen, evident sei, daß sehr viele, vielleicht die Mehrheit, immer noch in Ketten lägen, ja als Beinahesklaven geboren worden seien.

Gewiß, sie hätten versucht, sich zu emanzipieren, seien aber nicht über den Status von entlaufenen Sklaven mit Reisepässen hinausgekommen. Solche Leute wählen, wenn sie Wahlfreiheit erhalten, gern Führer, an deren grandiosem Habitus die Psyche des entlaufenen Sklaven sich instinktsicher selbst wiedererkennt. Je schamloser der Mann an der Spitze sich benimmt, desto mehr kommen die enthemmten Akklamateure auf ihre Kosten. Natürlich gibt es viele andere Gründe für den Erfolg solcher Figuren – sie liegen zum Teil im Bereich der Zynismusanalyse: Wer sich mit seiner Stimme für Trump oder Bolsonaro Hoffnungen auf eine Besserung der eigenen Lage macht, ist irgendwie auch selber schuld: Seit zweitausend Jahren kursiert die in Rom zuerst formulierte böse Weisheit »Mundus vult decipi, ergo decipiatur«: »Die Welt will betrogen werden, also soll sie betrogen werden.«

Freiheit und Zukunft

Zur Gegenwart gehört die Erfahrung, daß nicht nur der Zynismus, sondern auch die Freiheit ansteckend ist. Auf dieser Beobachtung beruht die Möglichkeit der Demokratie. Sie ist die Lebensform, in der sich bisher unfreie Menschen freiwillig von der Freiheit anstecken lassen, um die Gewohnheiten der Untertänigkeit abzulegen. Aus dieser Sicht gibt es eine alte Liaison zwischen dem Politischen und dem Epidemischen.

Die erste Aufklärung im antiken Griechenland war die Bemühung, Menschen mit der Liebe zum Wissen zu infizieren, in Rom war sie die Werbung für die Lebensform der *humanitas*. Nach den Revolutionen in England und in Frankreich bedeutete Aufklärung die Forderung nach Herrenrechten für die Gentry und die Bourgeoisie. Weil beide Gruppen relativ klein blieben, wenn auch größer als der alte Blutadel, mußten sie, um die Zustimmung der vielen im Volk zu gewinnen, die Sprache des Universalismus, der Menschenrechte und des legitimen Glücksstrebens für alle sprechen.

Nun darf man nicht vergessen, daß kaum etwas so ansteckend ist wie die Begeisterung für universalistische Ideen. Wo Universalismus scheitert, entsteht Kritik, wo Kritik scheitert, entsteht massenhaft wütendes Ressentiment; wo Enttäuschung nicht in die Resignation führt, sondern sich offensiv äußert, entstehen Epidemien des Zorns.

Solche mediengetragenen Epidemien sind sozialpsychologische Realitäten – doch ist der Gebrauch von Ausdrücken wie »Infektion« und »Epidemie« nicht bloß metaphorisch, die Entdeckung der Krankheits- und der Affektübertragung ist ja viel älter als die der Mikroben. In unseren Tagen kommt etwas hinzu, was es in dieser Form noch nie gegeben hat: die fast vollkommene Synchronizität von mikrobischer und informatischer Pandemie. Mit dieser absoluten Neuheit müssen wir uns künftig befassen. Sie beweist, daß es die Globalisierung wirklich gibt und daß Waren, Personen, Mikroben und Informationen fast gleich schnell reisen.

Pandemie und Gegenwart

Wir sind heute noch nicht in der Lage, über die gegenwärtige Pandemie hinauszublicken. Die Hoffnung auf Impfstoffe ist plausibel, aber sie enthält keine Antwort auf die Frage, wie das Leben »danach« aussehen wird. Viele warten nur auf die Rückkehr zur »Normalität«, das heißt zu den primären Sorgen und zur alltäglichen Frivolität des konsumistischen *way of life*. Ich glaube aber, daß die Corona-Krise auf Dauer zur Entwicklung eines veränderten Kollektivbewußtseins inmitten des Individualismus führt.

Man wird mehr und mehr verstehen, daß Immunität keine Privatsache ist. Sekurität ebensowenig. In Europa begann die Aufklärung unter anderem mit der Behauptung, der »bon sens« sei die am besten verteilte Sache der Welt. Man hat Gründe, an der Wahrheit der These zu zweifeln. Auch Immunitäten und Sekuritäten gehören durchaus *nicht* zu den am besten verteilten Sachen der Welt. Um so mehr muß man für ihre bessere Verteilung sorgen – und für ein neues Bewußtsein für humane Diskretion und nichtaristokratischen Abstand.

Diese langwierige Sorge ist entscheidend für das, was Demokratie sein kann – und daß sie sein kann. Es geht hier um eine Entwicklung, für die ich vor einigen Jahren einmal den Ausdruck »Ko-Immunität« vorgeschlagen habe. Auch wenn wir also keine geborenen Naturschützer sind, so sollten wir doch so klug sein, uns noch für eine Weile als Überlebensanwärter auf diesem durch das Weltall rasenden Planeten zu sehen.

Der Staat zeigt seine eiserne Faust

Im Gespräch mit Tomasz Kurianowicz*

KURIANOWICZ   *Herr Sloterdijk, Sie waren 28 Jahre lang Professor in Karlsruhe, vor fast zwei Jahren sind Sie nach Berlin gezogen. Vermissen Sie Karlsruhe?*

SLOTERDIJK   Nicht wirklich – ich bin in all der Zeit kein überzeugter Karlsruher geworden, obwohl ich dort geboren bin, ironischerweise. Das hat nichts Dauerhaftes bewirkt. Es hat sich auch niemand bemüht, mich zum Bleiben zu bewegen.

KURIANOWICZ   *Hatten Sie während Ihrer Karlsruhe-Zeit wie viele Professoren ein Standbein in Berlin?*

SLOTERDIJK   Nein. Ich war früher ein Mensch mit einer ausgeprägten Berlin-Aversion. Drei- bis viermal im Jahr bin ich hergekommen aus beruflichen Gründen. Ich war immer froh, wenn ich nach einigen Tagen abreiste. Leben im Hotel ist nicht meine Stärke.

KURIANOWICZ   *Wie gefällt es Ihnen jetzt, nicht als Tourist, sondern als Bürger?*

---

* Dieses Gespräch zwischen Peter Sloterdijk und Tomasz Kurianowicz erschien unter dem Titel »Der Staat zeigt seine eiserne Faust« in der *Berliner Zeitung* (5. September 2020).

SLOTERDIJK Ich bin begeistert. Die ungewöhnliche Kombination, die man als Bewohner von Halensee hat, zwischen einem Leben wie auf dem Lande und einem Leben mitten in der Stadt zu pendeln, das hat etwas sehr Bestechendes.

KURIANOWICZ *Jetzt fiel Ihr Umzug mitten in die Corona-Zeit. Wie haben Sie die letzten Pandemie-Monate verbracht?*

SLOTERDIJK In einer Art von glücklicher Klausur. Mein neues Buch, *Den Himmel zum Sprechen bringen*, mußte fertig werden. Doch das war nicht der einzige Grund für den Rückzug. Ich habe endlich wieder einmal angefangen, querfeldein zu lesen. So viele anregende Buchrücken haben mich angestarrt, als würden die Bücher seit langem darauf warten, daß ihr Besitzer auch ihr Leser wird.

KURIANOWICZ *Lesen Sie die Bücher, die Sie anfangen, zu Ende?*

SLOTERDIJK Wenn es irgendwie geht, ja. Gebe ich auf halber Strecke auf, dann ist es meistens ein Zeichen, daß mir der Autor zu viel Geduld abfordert. Ein guter Autor muß dem Leser die Energie liefern, mit der er durch das Buch gezogen wird. Wenn ein Verfasser nur seine anstrengende Seite präsentiert, dann wird Lektüre eigentlich zu Psychotherapie. Man müßte fürs Lesen bezahlt werden.

KURIANOWICZ *Momentan spricht ja alle Welt über die sogenannte* Cancel Culture. *Sie gelten als konservativer und besonders spitz argumentierender Intellektueller. Haben Sie den Eindruck, daß mehr und mehr Debatten nicht mehr provokativ genug geführt werden?*

SLOTERDIJK Was mir auffällt, ist, daß es immer mehr Meta-Debatten gibt. Daß man Debatten fordert, aber nicht führt. Jeder will, daß der andere frei argumentiert, aber er soll anfangen. Mit anderen Worten: »Mach du den ersten Tritt in das Fettnäpfchen. Ich leiste dir dann Gesellschaft – oder auch nicht.« In diesem Punkt bin ich trotz allem relativ gelassen. Man hat ja behaupten können, daß im Preußen Friedrichs des Großen ein breiteres Meinungsspektrum existierte als im 19. Jahrhundert und daß nach 1848 die Meinungsfreiheit größer gewesen sei als im 20. Jahrhundert. Fast jede Generation hat den Eindruck, daß früher in mancher Hinsicht mehr Freiheit herrschte.

KURIANOWICZ *Sie sehen das nicht so?*

SLOTERDIJK Nein. Man kann auch heute alles sagen, wenn man bereit ist, Ärger auf sich zu nehmen, oder wenn man unbedeutend genug ist, um eine aparte Meinung zu vertreten, die niemanden stört. Das Problem ist heute eher dies, daß, wenn Menschen mit einer Reputation etwas Ungewöhnliches sagen, sie in den Medien destruktive Reflexe auslösen, Reflexe, die bei den Nicht-Reputierten nicht so leicht zum Zuge kommen. Es gibt ganz offenkundig eine populäre Freude daran, die Reputation bekannter Leute zu beschädigen.

KURIANOWICZ *Wie ist es in Ihrem Fall? Sie haben sich ja auch mehrfach zur Pandemie geäußert, die harte Reaktion des Staates kritisiert und gegenüber der Wochenzeitung* Die Zeit *gesagt:* »*Verwunderlich sind doch die Verordnungsregierungen in aller Welt und die märchenhafte Geschwindigkeit, mit der sich größere und kleinere Nationen in eine Schockstarre versetzen lassen.*« *Gab es danach Ärger?*

SLOTERDIJK Na klar, es kam einiger Gegenwind auf. Aber wäre es anders, wäre es einem auch nicht recht. Ich würde trotzdem nicht so weit gehen wie der alte Talleyrand, der von sich sagte, er sei »ein alter Regenschirm, auf den es seit einem halben Jahrhundert« prasselt, auf ein paar Tropfen mehr komme es ihm nicht an. Ich zitiere diesen Satz gern, aber ich mache ihn mir nicht ganz zu eigen. Nicht jeder Regen ist unwillkommen, aber es gibt unwillkommene Güsse. Völlige Indifferenz zu zeigen ist nie eine gute Empfehlung.

KURIANOWICZ *Hat Sie in letzter Zeit etwas verletzt?*

SLOTERDIJK Eine gute Frage. Ich denke nach. Wenn es so wäre, dann hätte ich wahrscheinlich sofort eine Antwort parat, und die würde ich vermutlich verschweigen. In der Corona-Debatte gab es eigentlich nichts, was in bezug auf meine Person besonders ärgerlich gewesen wäre. Ich habe nebenbei wahrgenommen, wie ein frustrierter Auslandskorrespondent der *FAZ* französische Intellektuelle gegen mich aufbringen wollte, um dann darüber berichten zu können. Es blieb bei einem Schlag ins Wasser.

KURIANOWICZ *Hans Ulrich Gumbrecht, der Philosoph und Literaturwissenschaftler aus Stanford, hat einen Essay über den sterbenden Intellektuellen geschrieben und behauptet, daß der Intellektuelle sich nicht mehr scharf äußern dürfe. »Der Sommer 2020«, schreibt er, »markiert das Ende von uns Intellektuellen: wie wir zu Claqueuren der Mehrheitsmeinung geworden sind, ohne es zu merken.« Viele Menschen könnten, so die These, Provokationen heute nicht mehr ertragen und würden vom Intellektuellen soziales Engagement erwarten, den Kampf für die gerechte Sache. Sehen Sie das auch so?*

SLOTERDIJK Gumbrecht hat etwas ganz richtig beobachtet. Es gibt nur noch sehr wenig intellektuelles Probehandeln in den Medien. Freie Spekulation blüht nur in marginalen Organen. Der feuilletonistische Raum ist ärmer geworden, weil alles zur Meinungspflicht drängt.

KURIANOWICZ *Die Corona-Demos in Berlin wurden kürzlich erstmals von der Stadt Berlin verboten, dann wurde das Verbot wieder aufgehoben, und es ist zu spektakulären Demonstrationen gekommen. Finden Sie Demo-Verbote in einer Pandemie nachvollziehbar?*

SLOTERDIJK Nicht nur nachvollziehbar, sogar unvermeidlich angesichts der Tatsache, daß solche Demonstranten zusammenkommen, um gegen die Hygienevorschriften nicht nur zu protestieren, sondern um gegen sie zu verstoßen. Ich kann diese Leute nicht verstehen. Da fehlt mir offenbar ein Sensorium oder ich habe im Laufe meines Lebens meine Protestenergien für andere Themen verbraucht. Ich kann mir nicht vorstellen, was einen Menschen dazu bringen kann, ans Brandenburger Tor zu gehen und zu rufen: »Ich glaube nicht an die Corona-Gefahr.« Das kommt mir so vor, als würden Globalisierungsgegner verkünden, daß sie mit der Erdrotation nicht einverstanden sind. Auch mir wäre es lieber, es gäbe Pandemien nicht, doch was gegenwärtig in den USA, in Brasilien, in Indien, in Peru und neuerdings auch wieder in Spanien und Frankreich geschieht, diese rasende Ausbreitung eines unsichtbaren perfiden X namens SARS-CoV-2 von Mensch zu Mensch, das ist doch keine bloße Glaubensangelegenheit.

KURIANOWICZ *Einige Philosophen wie Giorgio Agamben sagen aber, daß hier Grundrechte eingeschränkt werden. Was denken Sie?*

SLOTERDIJK Es wurde ein Grundrecht gegen ein anderes abgewogen, das auf Unversehrtheit gegen das auf Bewegungsfreiheit. Wir sind ja im übrigen allesamt nicht darauf gefasst gewesen, daß die Pandemie nicht binnen weniger Wochen vorbei sein wollte. Corona verlangt Geduld, und Geduld gehört nicht zu den Qualifikationen von Menschen in modernen westlichen Gesellschaften. Wir haben unbemerkt ein Ungeduldstraining absolviert und warten auf rasche Anschlüsse, rasche Lösungen, rasche Beförderungen. Das paßt nicht zur Eigendynamik dieser Pandemie. Es ist gut denkbar, daß wir vom Frühjahr nächsten Jahres an effektive Impfstoffe haben werden, bis dahin muß man sich mit dem gesundheitspolitischen Ausnahmezustand arrangieren. Daß dieser eine politische Bedeutung besitzt, die das alte klassenkämpferische Mißtrauen weckt, das liegt in der Natur der Dinge. Im Ausnahmezustand streift der Staat die Samthandschuhe ab, mit denen er im Normalzustand die Bürger anfaßt. Dann läßt er die eiserne Faust unter dem Samthandschuh sehen. Das heißt, der Staat zeigt sich auf reine Exekutivgewalt reduziert. Das ist etwas, das alle beunruhigen muß, die für Demokratie, sprich für Gewaltenteilung und Grundrechte eintreten. Agamben, als Apokalyptiker, hat das am schärfsten zugespitzt.

KURIANOWICZ *Wird es nach der Pandemie eine Rückkehr zur Normalität geben?*

SLOTERDIJK Das frage ich mich auch, aber mehr noch frage ich, was man als Zeichen für Normalisierung gelten lassen könnte. Genügt es zu sagen, daß man die Kinos und die Konzertsäle wieder öffnet und zur Bestuhlungspraxis von früher zurückkehrt? Daß Massenveranstaltungen wieder erlaubt sind? Daß man sich wieder locker genug fühlt für überflüssige Reisen und für Shopping aus purer Laune? Das alles würde mich nicht überzeugen. Der einzige Beweis für eine Rückkehr zu einer akzeptablen Normalität würde aus meiner Sicht darin bestehen, daß man sich auf breiter Front wieder mehr für Freiheitsthemen interessiert und nicht exklusiv für Sicherheitsthemen. Der hochgetriebene Hygienismus im aktuellen Ausnahmezustand ist ja ein Derivat des zwanghaft verallgemeinerten Sicherheitsdenkens, das unseren Alltag seit längerem unterwandert. Normalität, politisch gesehen, wäre wiederhergestellt, wenn der übertriebene Zuspruch zu den Unionsparteien abschmilzt, die jetzt vom Bonus für die Problemlöser profitieren, und wenn die FDP wieder bei zehn Prozent liegt, während sich die Grünen bei ihrem realen Potential, das heißt bei circa 15 Prozent der Wählerschaft, einpendeln. Ein Element von Unnormalität bliebe trotzdem auch in einer Post-Corona-Welt bestehen, weil man die Implosion der Sozialdemokratie in einer durch und durch sozialdemokratisierten Gesellschaft nicht für normal halten kann. Im Moment gibt es einen ungesunden Applaus für neoautoritäre Tendenzen, die zum Exekutivstaat hinführen.

KURIANOWICZ *Wenn man den Leuten das Demonstrieren verbietet, haben Sie aber in diesem Punkt dennoch Verständnis für den Staat. Ist das nicht paradox?*

SLOTERDIJK Ich finde lokale Verbote richtig, weil das staatliche Kalkül auf dem Prinzip Voraussicht aufbauen muß. Würde eine genehmigte Demonstration zum Auslöser für eine Infektionswelle, hätte der Staat einen schweren Fehler begangen.

KURIANOWICZ *Haben Sie Ihre Corona-Positionen also verändert?*

SLOTERDIJK Kann man nicht so einfach sagen. Wir leben in einer akuten Lernsituation. Wir sind froh darüber, daß unsere Strukturen dem Angriff besser standgehalten haben als die der USA. Man muß essayistisches Denken und mentales Probehandeln nach verschiedenen Seiten üben. Dissens ist natürlich, gesund und unvermeidlich. Wir senden nicht alle auf der gleichen Welle, es hat aber niemand Grund, dem anderen *a priori* bösen Willen zu unterstellen.

KURIANOWICZ *Ihre staatsskeptischen Positionen haben dazu geführt, daß sich führende AfD-Politiker auf Sie berufen. Erschreckt Sie das? Ein Beispiel ist der kulturpolitische Sprecher der AfD-Fraktion im Bundestag, Marc Jongen. Er war Ihr wissenschaftlicher Mitarbeiter in Karlsruhe und bezieht sich auf Ihre Theorien.*

SLOTERDIJK Marc Jongen – das wäre eine längere Erzählung. Wenn er eines Tages in Pension ist, ergibt sich vielleicht Gelegenheit, Tacheles zu reden. Ich halte ihn für harmlos, weil er im Grunde ein durch und durch unpolitischer Mensch ist. Man hört ja auch kaum noch etwas von ihm. Ich habe seit längerem keinen Kontakt mehr zu ihm. Mein letzter Appell, vor Jahren, an ihn bestand in einem Schreiben etwa des Inhalts, daß, wenn er seine intellektuelle Integrität bewahren möchte, er diese Partei verlassen und die Tür mit einem lauten Knall hinter sich zuschlagen möge. Er hat es nicht getan. Ich bin sicher, daß er wie viele naive AfD-Anhänger kein Nationalist im Sinne des 19. Jahrhunderts ist, sondern eine Politik der konservativen Angst und der Sorge ums Überleben im Kopf hat. Das hat er mit nicht wenigen Zeitgenossen gemeinsam. Barbara Ehrenreich sprach schon vor dreißig Jahren in *Fear of Falling* von diesem Komplex, der sich inzwischen zu einer veritablen Mittelschichtkrankheit ausgeweitet hat. Diese Angst hat bei ihm sicher eine starke autobiografische Komponente. Die Politik ist für viele AfD-Leute der Strohhalm, an den sie sich hängen.

KURIANOWICZ *Ist die AfD eine Midlife-Crisis-Partei, eine Partei von Männern, die es auf normalem Wege nicht geschafft haben und mit Populismus an die Spitze wollen?*

SLOTERDIJK Zumindest gibt es viele biografische Indizien, die solches vermuten lassen. Doch dürfte es sehr wenige Menschen geben, die sich nur des Programms wegen in einer Partei engagieren. Je weiter eine Figur vorne steht, desto klarer fällt das ins Auge.

KURIANOWICZ *Warum werden Ihre Theorien von AfD-Politikern instrumentalisiert? Wie erklären Sie sich dieses Mißverständnis?*

SLOTERDIJK Das hat wohl damit zu tun, daß ich in meine Theorie Elemente einer scheinbar konservativen, in Wahrheit sehr realistischen Anthropologie eingebaut habe. Dazu kommt diese ärgerliche, von Marc Jongen falsch zitierte Angelegenheit mit meinem Eros- und Thymos-Konstrukt. Vereinfacht gesagt: Ich verteidige die platonische Psychologie, wonach die stolzhaften oder thymotischen und großzügigen Anteile der menschlichen Seele gegenüber den gierhaften und erosartigen Aspekten stärker gewichtet werden sollten. Diesen Gedanken hat Jongen schrecklich simplifiziert, als ob man Stolz kurzerhand in ein Parteiprogramm hineinschreiben dürfte.

KURIANOWICZ *Worauf könnten AfD-Sympathisanten stolz sein?*

SLOTERDIJK Sie sind nicht der einzige, der das wissen möchte. Es war schon immer ein kleinbürgerliches Mißverständnis, wenn deutsche Menschen meinten, sie dürften stolz darauf sein, derselben Nation anzugehören wie Goethe und Schiller. Aber der Neuen Rechten ist es nie um Bildung gegangen. Der ganze Ansatz beim Stolz oder beim Thymos führt in die Irre. In meinen Augen ist die AfD alles, nur keine Stolzpartei, ich sehe bei ihr ein Geflecht aus Trotz, Ressentiment und Abstiegsangst.

KURIANOWICZ *Haben Sie sich je verschätzt?*

SLOTERDIJK O ja. Als ich die *Kritik der zynischen Vernunft* schrieb, zwischen 1981 und 1982, dachte ich, der politische Zynismus habe seinen Höhepunkt in der ersten Hälfte des 20. Jahrhunderts erreicht. Das war eine optische Täuschung. Inzwischen bin ich sicher, daß das Zynismus-Phänomen erst jetzt wirklich kulminiert. Aktuell ist die Welt von Diktaturen und mafiesken Netzwerken überzogen, in denen der Zynismus gähnende Höhen erreicht.

KURIANOWICZ   *Und unter der Rubrik Rechthaberei?*

SLOTERDIJK   Hätte ich wohl auch etwas zu bieten. In meinem Buch *Du mußt dein Leben ändern*, 2009 erschienen, habe ich den Begriff Ko-Immunität eingeführt. Mir scheint, dieses Konzept wird jetzt erst völlig konkret und aktuell.Wir verstehen inzwischen besser, daß Immunität im biologischen Sinn immer auch als Gemeinschaftswerk aufgefasst werden muß. Gemeinsame Immunitäten werden das Schlüsselthema für künftige Soziologien sein.

Bitte erklären Sie uns die Zeit, in der wir leben!

Im Gespräch mit Willem Allexander Tell*

TELL *Kann ein Bayer deutscher Kanzler werden?*

SLOTERDIJK Also, ich kann es mir noch nicht recht vorstellen. Die Mehrheit der Norddeutschen würde einer solchen Option vermutlich nicht folgen. Aber während die Sterne aller anderen Politiker auf der Unionsseite gesunken sind, hat Söder eindeutig an Profil gewonnen, ebenso Jens Spahn.

Bei Söder ist der Gewinn am erstaunlichsten. Man weiß nicht, was er gemacht hat, aber er hat tatsächlich einen Statur-Gewinn vorzuweisen, wie ich ihn an keinem anderen Politiker in Deutschland in den letzten Jahrzehnten wahrgenommen habe. Sehr erstaunlich. Er war früher eher ein jungspundischer Rabauke, einer, von dem man sich unmöglich vorstellen konnte, daß er einen repräsentativen Ton erreicht.

Die Verwandlung ist groß. Aber ob sie genügt, um eingefleischte Nord-Süd-Spannungen zu revidieren, scheint mir ungewiß. Im übrigen könnte ich mir vorstellen, daß die Körpergröße von Jens Spahn so etwas wie einen De-Gaulle-Effekt auslöst.

Wenn einer so groß dasteht, dann sollte er die ent-

* Dieses Gespräch zwischen Peter Sloterdijk und Willem Allexander Tell erschien unter dem Titel »Deutschlands berühmtester Philosoph Peter Sloterdijk. Bitte erklären Sie uns die Zeit, in der wir leben!« in der *Bild* (15. Oktober 2020).

sprechenden Begabungen besitzen, nicht? Vielen Menschen wachsen mit der Übergabe eines Amts moralische Ressourcen hinzu. Die Person wird nicht selten durch die Magie des Amtes medial aufgeladen. Man kann sich vorstellen, daß Spahn mit der Zeit ein hervorragender Bundeskanzler würde. Bei allen anderen ist das nicht denkbar. Laschet ist zu klein, alle anderen haben auch irgendwelche Formatfehler. Wir wählen heute nicht zwischen erwiesenen Qualitäten, sondern zwischen Potentialen. Und dabei richtet sich der Blick natürlich auf Jens Spahn.

TELL *Knallhart-Politiker steigen derzeit in den Umfragen. Sehnen sich die Menschen nach Führung?*

SLOTERDIJK Ich glaube nicht, daß es heute um Führung geht. Es geht um das, was man im Kanzleramt die Richtlinienkompetenz nennt: die Leitplanke, die gerade vorgezeichnete Linie.

Wenn einer Unpopularität durch Strenge nicht scheut, läßt das eventuell erkennen, daß jemand bereit ist, ein Mandat auszuüben. Entschiedenes Auftreten in Krisen wird belohnt. Was nutzen mir die schönsten Freiheitsrechte, wenn sie mit unverantwortlich erhöhten Lebensverlusten erkauft werden?

TELL *Auf Instagram teilen über zwanzig Millionen Deutsche ihren Alltag. Wie erklären Sie diesen digitalen Exhibitionismus?*

SLOTERDIJK Seit die Menschen das Beten verlernt haben, suchen sie nach Alternativen. Das Beten, man sollte das nicht vergessen, war eine Methode, sich beim Jenseits vorzustellen.

Dem durfte man sich als Mensch mit einem inneren Anliegen empfehlen. Die modernen Kommunikationsmittel haben eine Technik geschaffen, wie man Gebete in Bitten um Aufmerksamkeit umwandelt.

Man spricht der Öffentlichkeit und dem Freundeskreis eine Rolle zu, die man früher dem Himmel und den Heiligen abverlangt hat. Instagram verkörpert das Flehen um Bedeutsamkeit mit zeitgenössischen Mitteln. Robert Gernhardt hat das neue Beten wohl am besten erfaßt: »Lieber Gott, nimm es hin, / daß ich was Besond'res bin ...«

Natürlich haben wir Stars, die noch über den Tod hinaus einen Kult hervorrufen. Doch sind noch nie so viele Menschen mit der Hoffnung auf Bedeutsamkeit und Wahrnehmung vor ihren Mitlebenden aufgetreten. Wir erleben eine echte Demokratisierung von Prominenz. Prominenz kann jetzt an jeder Ecke generiert werden, das gehört zum magischen Appeal der sozialen Medien.

TELL *Ist es heute leichter, berühmt zu werden?*

SLOTERDIJK Die Aristokratien von früher zogen naturgemäß den größten Teil öffentlicher Aufmerksamkeit auf sich, doch gehörten sie einer sozialen Struktur an, in der nur relativ wenige Spitzenpositionen zu vergeben waren. Der große Folgenreichtum der Französischen Revolution ergab sich unter anderem daraus, daß sie zahllose neue hohe Rang-Positionen kreierte: Auf einmal waren all die Neureichen wichtig, die Bankiers, die Unternehmer, die Künstler, die Advokaten, die Politiker, die Leitartikler, die Professoren mitsamt ihren prächtig geschmückten Frauen, die sehr genau wußten, wie sie sich ihren Anteil an der Prominenzbeute holten.

Im Frankreich Napoleons III. sprach man mit gutem Grund vom »imperialen Fest«: Dabei konnten sich Tausende von neuen Gesichtern zeigen, die ins Licht wollten.

Das 20. Jahrhundert hat mit seinen Medienexplosionen noch einmal Zehntausende von Spitzenpositionen hinzugeschaffen, mit Superstars, Supermodels und ihren unzähligen Epigonen. Dieses lustige Volk habe ich gelegentlich das Celebretariat genannt, das heißt die Leute, die dafür berühmt sein möchten, berühmt zu sein. Für sie hat mit Facebook, Instagram usw. das Goldene Zeitalter begonnen.

TELL *Was fasziniert die Menschen so sehr an Donald Trump?*

SLOTERDIJK Eine Minute Politologie: Man sollte nie vergessen, die ganze moderne Welt gründet in dem Gedanken, man könne allen Menschen quasi über Nacht zurufen, sie seien jetzt ausnahmslos freie Bürger.

Sklavenbefreiung ist das latente Hauptthema der modernen Welt.

Doch niemand läßt sich gern daran erinnern, er oder

sie wäre bis vorgestern und gestern Sklave, Leibeigener, Schollengebundener, Diener oder sonstwie eine Kreatur in subalterner Position gewesen.

Das Proletariat hat sich zeitweilig als Lohnsklavenstand bezeichnet, um seine legitime Forderung nach Emanzipation auszudrücken – denn daß Sklaverei nicht mehr sein darf, das muß der dunkelste Reaktionär zugeben. Befreiung für alle aber geschieht nicht über Nacht. Sie ist teuer und voller Widersprüche und trifft auf große Widerstände.

Wenn dann ein Mensch mit den Manieren eines freigelassenen Sklaven zur Unzeit an die Spitze der Gesellschaft kommt, dann unweigerlich auch darum, weil er die Instinkte der vielen noch nicht wirklich Befreiten anspricht.

Die Rüpelhaftigkeit des entlaufenen Sklaven, der ganz nach oben kam, wirkt als Erkennungszeichen für die Seinen. Sie zieht zahllose Menschen magisch an, die noch mit einem Fuß an der Kette liegen und auch gern einmal auftrumpfen würden.

TELL *Aber Trump kommt doch aus einer wohlhabenden Familie?*

SLOTERDIJK Das Schema paßt nicht in jedem Detail, aber im Gesamtmuster bleibt es eindeutig erkennbar. Da ist an erster Stelle die rasend illiterate Grundhaltung. Ein Mensch, der sich besudelt vorkäme, wenn man ihn mit einem Buch in der Hand erwischte, außer es ist eine Bibel, die er den Evangelikalen vor die Nase hält, um ihre

Stimmen zu gewinnen. Und dann die goldenen Wasser-
hähne: Wer braucht solche, ausgenommen der Sklave,
der sich beweisen muß, daß er es wirklich geschafft hat?
Und dann sein Umgang mit Frauen ... Muß man dazu
noch mehr sagen?

TELL *Wie erklären Sie, daß so viele Amerikaner einen
Menschen wählen, der regelmäßig lügt?*

SLOTERDIJK Vielleicht weil sie sich sagen: Er ist einer
von uns.

TELL *Kann man etwas Gutes über Trump sagen?*

SLOTERDIJK Über die Person ziemlich wenig, die wird
in die klinischen Lehrbücher eingehen.

In Trumps Politik gibt es einige Aktiva, an erster Stelle
das festere Auftreten gegenüber China, das schon viel
früher hätte beginnen müssen. Zudem hat sein rüder
Ton gegenüber den Europäern, namentlich den Deutschen, den wünschbaren Nebeneffekt, daß Europa gezwungen wird, sich mehr mit seinen eigenen Sicherheits-
optionen zu befassen, auch mehr mit einer kohärenten,
eigenen Außenpolitik.

TELL *Trump sagte jetzt, die Menschen sollten keine Angst
vor Corona haben und wieder zur Arbeit gehen. Hat er
recht?*

SLOTERDIJK Das ist schwierig. Es gibt ja einen zynischen Untergrund in der Corona-Debatte, von dem man nicht oft etwas hört, der sich aber gelegentlich bemerkbar macht mit dem Hinweis, daß das Laufenlassen auch eine Strategie sein könnte.

In dem Spektrum möglicher Verhaltensweisen – vom totalen Lockdown bis zur totalen Sorglosigkeit – sind viele Optionen denkbar. Und je mehr Zynismus man aufbringt, desto wahrscheinlicher wird die Option für Sorglosigkeit.

Mit Corona schlug die Stunde der falschen starken Männer: Trump, Bolsonaro und Johnson glaubten, Stärke zeige sich in Leichtfertigkeit. Die meisten anderen haben verstanden, daß wirkliche Stärke zur Vorsorge-Politik führt.

Ist es legitim, vor Corona keine Angst zu haben?

Im Gespräch mit Willem Allexander Tell*

TELL *Ist es legitim, vor Corona keine Angst zu haben?*

SLOTERDIJK Auf jeden Fall. Die Lebensgefühle sollen frei sein, und wer ohne Furcht existiert, muß nicht mit der verängstigten Herde laufen. Es ist ja auch legitim, vor Krebs keine Angst zu haben und zu hoffen, es werde einen nicht treffen. Ein gewisses Maß an Sorglosigkeit, ja sogar an Leichtsinn, gehört zu unserem *way of life.* Ohne Leichtsinn funktioniert das gesamte Konsumsystem nicht, mitsamt den Überkalorien und der Übermobilität, um von Modeluxus, Kosmetik, Alkohol und Nikotin ganz zu schweigen.

In der Regel sind wir gegen die Konsequenzen des Leichtsinns gut versichert. Soviel ich weiß, denkt niemand daran, das Skifahren zu verbieten, obwohl es eine Risikosportart ist, die jeden Winter eine halbe Million Verletzte produziert. Es kommt nur selten zu tragischen Konsequenzen, wie im Fall von Michael Schumacher. Der Leichtsinn ist selber die Definition des westlichen Lebensstils. Dazu gehört, daß man sehr viel mehr Dinge kauft, als man je brauchen kann. Daß man mehr Bücher zu Hause hat, als man selber jemals lesen kann ...

---

* Dieses Gespräch zwischen Peter Sloterdijk und Willem Allexander Tell erschien unter dem Titel »Deutschlands berühmtester Philosoph Peter Sloterdijk. Ist es legitim, vor Corona keine Angst zu haben?« in der *Bild* (16. Oktober 2020).

Wir streben letztlich nach Ereignis-Maximierung, Stoff-wechsel-Maximierung, Erlebnis-Maximierung – und das ist naturgemäß nicht ohne Einkommens-Maximierung zu haben. Das gesamte System beruht auf Leichtsinn. Würde man sich im Kollektiv altväterlich seriös und spar-sam verhalten, müßte die Weltwirtschaft im Nu abstür-zen. Das Schreckgespenst heißt Austerität, wörtlich: Nüch-ternheit. Nüchterne Leute kriegt man nicht dazu, auf der Schuldenparty mitzutanzen. Gewinnerwartungen setzen voraus, daß zahllose andere sich zum leichtsinnigen Ver-halten bewegen lassen. Als ich vor ein paar Tagen las, ein Milliardär sei bei einem Temporekordversuch ums Leben gekommen, dachte ich: wieder so ein Zeitzeu-ge.

TELL *Junge Menschen gehen trotz der Pandemie feiern oder treffen sich mit Freunden. Ist das verständlich?*

SLOTERDIJK Verständlich auf jeden Fall. Sie sollen nur wissen, was sie tun. Sobald sie sich riskant verhalten, müssen sie sich ihrer möglichen *spreader*-Qualitäten be-wußt werden. Das führt mich zu meinem Basis-Thema: Immunität ist eine von Grund auf gemeinschaftliche und gesellschaftliche Angelegenheit. Man kann nicht gut für sich allein immun sein. Immunität ist immer schon auch als Ko-Immunität zu konzipieren, in Sphären und Krei-sen vom Kleinen bis ins Größte, von der Tischgemein-schaft bis zur Weltgesellschaft. Und wenn diese ver-dammte Corona-Krise zu irgendetwas gut sein soll, dann vermutlich nur dazu, ein Bewußtsein davon hervorzurufen, daß wir von Grund auf in ko-immunitären Verhältnissen existieren. Dabei ist niemand zu jung, das zu verstehen. Schon ein kleiner Junge begreift, daß er seine alten Großeltern nicht gefährden soll, wenn man ihm erklärt hat, was Mikroben sind.

TELL *Wird sich die Welt nachhaltig durch Corona verändern? Und wenn ja – wie?*

SLOTERDIJK Nein, die »große Veränderung« ist immer illusionär. Die Welt hat sich auch durch den Ersten Weltkrieg nicht wesentlich verändert, außer daß Frauen in die Arbeitswelt eindrangen; sie hat sich durch den Zweiten Weltkrieg nicht basal verändert, außer daß der *American way of life* auch bei uns einzog und alle wie über Nacht lernten, auf Kredit zu leben.

Wenn sich die Welt real verändert, dann zunächst immer nur im Sinne weitergehender Lockerungen und Erleichterungen. Die sind im Fall von Corona nicht zu erkennen, wir schlagen uns vielmehr mit Erschwerungen und Einschränkungen herum, die möchte man loswerden. Daher spürt man eine Nostalgie nach der Sorglosigkeit von vorher.

TELL *Was geht im zwischenmenschlichen Leben verloren, wenn die Menschen Masken tragen?*

SLOTERDIJK Man sieht das Lächeln des anderen nicht mehr, und das bringt eine virtuell gefährliche Einschränkung mit sich. Die Vermutung, daß der andere Mensch unfreundliche Gesinnungen in sich trägt, die liegt in einer Großgesellschaft ohnehin in der Luft, denn Großgesellschaften bestehen fast nur aus Fremden. Das Lächeln ist ein Mechanismus, der uns im Umgang mit Unbekannten hilft, Entwarnung zu signalisieren. Ähnlich wie das Händereichen, das zeigt, ich komme dir ohne Waffe entgegen. Überhaupt sind alle Grußgesten aus umgewandelten Aggressionsgesten hervorgewachsen, sie sind zivilisierte Zeichen von Angriffsverzicht. Mir scheint, in diesen Tagen könnten wir etwas mehr Lächeln gut vertragen.

Auf der anderen Seite, man bekommt jetzt ständig Gelegenheit festzustellen, daß die Augen sowieso der schönste Teil an der menschlichen Erscheinung sind. Ich genieße den Anblick maskierter Frauen, weil ich gezwungen bin, mich auf den sichtbaren Teil zu beschränken, und habe gelegentlich das Gefühl, mehr braucht es nicht. Frauen, die Charmeverhalten eingeübt haben, lächeln mit den Augen.

TELL *Immer mehr Menschen reden vom »neuen Normal«. Wird das Leben je wieder so werden, wie es vor Corona war?*

SLOTERDIJK Ja, das meiste kehrt eines Tages wieder, wie es gewohnt war, dessen darf man gewiß sein, doch die Dinge normalisieren sich langsamer, als wir es uns in der ersten Aufregung gewünscht haben. Das Spektakel kann noch gut zwei Jahre weitergehen. Ab 2021 wird man bei den Wellen bis drei, vier, fünf und weiter zählen müssen. Ansonsten ist das Zählen von Infektionen und Toten vor Publikum ein makabres Ritual, das man so bald wie möglich abschaffen sollte.

Leben wir über unsere Verhältnisse?

Im Gespräch mit Willem Allexander Tell*

TELL *An den Folgen des Rauchens sterben in Deutschland laut RKI jährlich über hunderttausend Menschen. Warum macht uns das keine Angst, und der Staat verdient hier sogar noch mit?*

SLOTERDIJK In unserem Verhalten zum Tod anderer ist ein struktureller Zynismus eingebaut. In jüngerer Zeit habe ich bei Vorträgen mein Publikum gelegentlich gefragt – um den Unterschied zwischen Gefahr und Risiko zu erläutern: Was sagt Ihnen die Zahl 932 263? In der Regel meldete sich niemand. Dann ließ ich die Katze aus dem Sack: Es ist die Zahl der Menschen, die im Jahr 2017 auf dem Boden der Bundesrepublik Deutschland verstorben sind. Fast eine Million. Circa 2600 Tote am Tag, ein Drittel Herzpatienten, fast gleich viel Krebspatienten, dann das lange Gefolge der Diabetiker, der Raucher, der Infektionsopfer und der Altersschwachen jeder Tendenz, es kommen einige Unfallopfer und wenige Mordopfer hinzu. Das alles ergibt sich aus der erfreulichen Tatsache, daß die Lebenserwartung hierzulande an die achtzig Jahre heranreicht – mit der Nebenwirkung, daß in einem 83-Millionen-Volk mit der genannten durch-

---

* Dieses Gespräch zwischen Peter Sloterdijk und Willem Allexander Tell erschien unter dem Titel »Deutschlands berühmtester Philosoph Peter Sloterdijk. Leben wir über unsere Verhältnisse, Herr Sloterdijk?« in der *Bild* (19. Oktober 2020).

schnittlichen Lebenserwartung jedes Jahr circa eine Million ausgewechselt wird, in der Regel Alte gegen Junge. Das statistische Denken verlangt nach strukturellem Zynismus, denn solche Daten kann man moralisch nicht verarbeiten. So wie es unmöglich ist, Jahr für Jahr eine Million Landsleute zu betrauern, von denen man kaum einen kannte.

TELL *Ist Deutschland dreißig Jahre nach der Einheit wirklich zusammengewachsen?*

SLOTERDIJK Seien wir vorsichtig mit Körpermetaphern. Der »Körper« Deutschlands war 1945 quasi halbiert worden. Ob das Wiederzusammenkommen auch ein Zusammenwachsen ergibt, bleibt fraglich. Ich finde es ziemlich wunderbar, daß ein Land wie die DDR, mit 16 Millionen Einwohnern und 56 Jahren Unfreiheitserfahrung in den Knochen – 1933 bis 1989 –, sich innerhalb einer einzigen Generation so wandeln, so öffnen, so assimilieren konnte, daß man jetzt wieder von einer halbwegs kohärenten nationalen Zivilisation sprechen kann, mit all den regionalen Ausprägungen, die es dabei geben muß.

Eine durchgehende Sensibilitätsgemeinschaft ist bei so diversen Geschichten nicht möglich, aber die Rechtsgemeinschaft hat sich durchgesetzt, und die ist es, die wirklich zählt. Ich würde sagen, viel besser hätte es im Realen nicht laufen können.

Auf dem Reißbrett hätte man sich natürlich für die vormalige DDR ein besseres Schicksal ausdenken können: eine etwas weniger grobianische Treuhandpraxis und vor allem einen etwas respektvolleren Einheitsvertrag. Unter den geschichtlichen Bedingungen war Besseres aber kaum zu machen, das Fenster der Gelegenheit war nur kurz offen. Man mußte die Dinge überbeschleunigen, sonst wäre möglicherweise die Gelegenheit verfallen. Man hat es gemacht, wie man es gemacht hat, Punkt.

Wer die Wende miterlebt hat, diese heroischen sechs Wochen nach dem Durchbruch durch die Mauer, besitzt noch immer ein riesiges Privileg. Die meisten Menschen, die heute auf der Welt verstreut leben, können mit dem Begriff »Geschichte« nicht viel verbinden. Aber wir, die dabei waren, am Ort und in den Medien, können etwas damit verbinden, weil wir miterlebt haben, wie Freiheitsgeschichte geschah.

TELL *Was fasziniert die Welt an Greta Thunberg?*

SLOTERDIJK Um sie ist es inzwischen ein wenig still geworden. Solche Erscheinungen entwickeln sich stichflammenartig und erlöschen schnell – und das soll auch so sein. Greta war, als sie auf der Bühne erschien, ein Kind, es war zu befürchten, daß man sie für einen messianischen Trip verheizt. Immerhin, ihre Botschaft ist im weiten Radius gehört worden, das ist ein fabelhafter Effekt. Er zeigt, wenn die Weltmedien wollen, kann ein junges Mädchen eine charismatische Mission übernehmen, ohne wie Jeanne d'Arc im frühen 15. Jahrhundert als Ketzerin auf dem Scheiterhaufen zu enden. Was nicht heißt, daß Greta nicht weiterhin viel riskiert. Ich selbst war um

1975 nahe daran, ein Öko-Apokalyptiker zu werden, fest überzeugt, daß im globalen Maßstab sofort etwas geschehen müsse: »Aufschub ist Verbrechen.« Was kam, waren die grünen Realos, die einsahen, daß große Umschwünge viel Zeit brauchen. 45 Jahre später ist dies und das geschehen, jedes DAX-Unternehmen hat einen Nachhaltigkeits-Officer, doch von effektiver Trendumkehr kaum eine Spur.

TELL *Wir hatten gerade den heißesten September aller Zeiten. Müßten wir dem Klimawandel mehr Beachtung schenken?*

SLOTERDIJK Auf jeden Fall. Aber das gilt seit fünfzig Jahren, als Carl Amery, der bayerische Linkskatholik, bei uns das Ökothema auf die Tagesordnung setzte. Alles deutet darauf hin, daß tatsächlich ein menschengemachter Klimawandel unterwegs ist. Milliarden offene Feuerstellen täglich, Milliarden Fahrzeuge mit Verbrennungsmotoren ständig auf den Straßen, Hunderte Millionen Öl- und Gasheizungen im Betrieb, zigmillionen Klimaanlagen auf Hochtouren, x Millionen rauchende Fabrikschornsteine, zahllose Schwerölschiffsmotoren, zigtausende Jets Tag für Tag am Himmel, weit mehr als eine Milliarde gasrülpsende Kühe.

Man müßte vernagelt sein wie ein AfD-Sprecher, um zu leugnen, daß dies alles in der Summe klimarelevant ist. »Veränderte Sonnenwinde«, »kleine Eiszeit im Anmarsch« – das sind nur Mundwässer der Ignoranz.

Faßt man sämtliche Effekte anthropogener Praxis unter dem Begriff »Emission« zusammen, müßte man auf Dauer eine emissionsfreie Menschheit fordern. Eine starke Minderung von CO_2-Emissionen ist unter extremen Anstrengungen vielleicht gerade noch vorstellbar, aber das Rad der Emissionen im ganzen läßt sich nicht zurückdrehen. Die Astronauten an Bord des Raumschiffs Erde müssen sich auf eine Reihe irreversibler Veränderungen einstellen. Möglicherweise wird es bald so heiß, daß die Weißen nachdunkeln und sich nach einigen Generationen zu den People of Colour rechnen.

TELL *Ist es moralisch zu verantworten, daß ein deutscher Ex-Kanzler für ein russisches Staatsunternehmen arbeitet?*

SLOTERDIJK Schröders Reflex nach dem Ausscheiden aus der Politik war sehr verständlich, er wollte endlich mehr verdienen als das karge Kanzlergehalt. Für 25 000 Euro würde Manuel Neuer nicht einmal einen Ball im Monat fangen. Der Integrität des Amtes täte es gut, wenn Schröder mit der Gazprom-Allianz bald diskret Schluß macht. Immerhin trägt er den Titel »Bundeskanzler« bis zum Lebensende.

TELL *Sollten Politiker dann besser bezahlt werden?*

SLOTERDIJK Politiker werden nicht in Euro entlohnt, sondern in Aufmerksamkeitseinheiten, das übrige ergibt sich dann. Unter diesem Aspekt möchte man viele für stark überbezahlt halten. Die Frage der Unterhonorierung betrifft nicht die Politiker, sondern all die freiberuflichen Kunstschaffenden, deren Zahl sehr hoch ist und die seit dem Beginn dieses Jahres ins Nichts geraten sind. Sie haben keine Lobby – sie wären auf spontane Staatshilfen angewiesen. Die darf man ohne Überspannung verlangen, immerhin nennt sich das Land Bayern in seiner Verfassung einen »Kulturstaat«.

TELL *Kanzlerin Angela Merkel hat die Bürger am Samstag in einer dramatischen Rede zu drastischen Einschränkungen im Kampf gegen die Pandemie aufgefordert. Was motiviert die Politiker im Kampf gegen Corona?*

SLOTERDIJK Ich gehe davon aus, daß die meisten, die sich zum Handeln aufgerufen fühlten, von redlicher Sorge bewegt wurden. Es kam etwas hinzu, was zu Überspitzungen einlud: Erstens, daß man es mit einem unbekannten Feind zu tun hatte, gegen den man besser zu viel als zu wenig unternimmt. Zweitens, daß in der Krise die Stunde der Exekutive schlägt. Der Staat ist in der Regel zur Zwanghaftigkeit verdammt; im Ausnahmezustand darf er hysterisch werden. Fast möchte man sagen, es war wieder mal fällig. Ich hatte schon am Anfang der Pandemie das Gefühl – da bricht sich irgendwas Dunkles Bahn. Was obenauf kommt, ist das Verlangen der Exekutive, endlich mal wieder richtig durchregieren zu können, von der lästigen Gewaltenteilung unbehelligt. Ein wenig Diktatur als ob und auf Zeit, herrlich! In Bayern war mit einem Mal die unschuldigste Parkbank ein Gegenstand von Erlaßpolitik! Der Traum der Exekutive gebiert Gespenster. Phänomenal. Wir werden eines Tages eine Kuriositätensammlung veranstalten.

TELL *Wie empfinden Sie die Tendenz zu einer gender-neutralen, politisch korrekten Sprache mit zum Beispiel: Leser. innen?*

SLOTERDIJK Als eine kapriziöse Verirrung, die sicher binnen weniger Jahre verschwinden wird. Kein Mensch braucht Regeln, die eine grammatisch verkorkste Sprache als eine politisch korrekte oktroyieren wollen. Ein Punkt mitten im Wort, ein Sternchen vor dem weiblichen Suffix, ein Großbuchstabe vor -In oder -Innen – womit hat man so viel Häßlichkeit verdient? Sollen wirklich explizit beide Geschlechter angesprochen werden, sofern ein Anlaß es erlaubt oder erfordert, kann man weiterhin ruhig »Leser und Leserinnen« sagen. So viel Zeit hat man immer.

Warum das Genderspiel befolgt werden sollte, ist mir ohnedies nicht klar – faktisch geht es bloß um die Mitmacherei der Einknicker und Einknickerinnen aus allen Lagern vor einem kurzatmigen Usus. In den meisten Fällen reicht das konventionelle neutrale Maskulinum aus, um ohne Mißverständnis und Beleidigungsabsicht zu verstehen zu geben, daß man sich an die Ohren beider Geschlechter und ihrer Varianten wendet.

Ich darf die Verfechterinnen des Germano-Feminismus daran erinnern, daß man in den meisten Sprachen der Erde die manierierten Wendungen, die ihnen so viel bedeuten, weder sprechen noch schreiben könnte, weil es in ihnen keine Geschlechter-Suffixe oder sonstige Genus-Marker gibt.

TELL *Junge Menschen demonstrieren regelmäßig freitags für die Umwelt. Wird der »Fridays for Future«-Protest die Welt retten? Oder zumindest die Politik ändern?*

SLOTERDIJK Die Jungen werden die Politik eine ganze Weile vor sich hertreiben. Doch Straße und Parlament haben nicht die gleiche Logik, sie haben vor allem nicht das gleiche Zeitgefühl. Protest ist eine nicht-regenerierbare Energie. Ich, als älterer Zeitgenosse, will nicht an künftigen Enttäuschungen mitwirken. Wir sollten früh genug an einem Plan B arbeiten, statt allzu optimistisch darauf zu vertrauen, daß wir mit realen Effekten umsteuern können. Dazu sind die Dinge, die wir in Gang gebracht haben, zu träge, sie haben viel zu eigensinnige Laufzeiten.

TELL *Ist sich die Jugend ihrer Macht bewußt?*

SLOTERDIJK Die Demonstranten und ihre Vorsprecher selbst glauben sicher, daß sie etwas bewirken. Ob sie das wirklich »Macht« nennen würden, weiß ich nicht. Wer »Macht« sagt, benutzt eine traditionelle rhetorische Figur, die die Fähigkeit meint, bei anderen Personen ein bestimmtes Verhalten zu erzwingen. Greta wollte aber, daß die Erwachsenen in Panik geraten. Panik ist ein psychopolitisches Konzept, keine direkte Handlungsanweisung. Da wird mit einer ganz anderen Hebelwirkung gerechnet. Zuerst das Erschrecken, dann die Kurskorrektur. Der Mechanismus bleibt vage.

TELL *Leben wir Menschen über unsere Verhältnisse?*

SLOTERDIJK Auf diese Frage kann ich nicht ökonomisch oder moralisch antworten, sondern nur philosophisch. Für den philosophischen Anthropologen ist der Mensch ein Lebewesen, das immer über seine Verhältnisse lebt, weil es durch seine Weltoffenheit mehr Wahrnehmung hat, als es zum bloßen Überleben braucht. Wir schauen in einen großen Horizont, sobald wir uns beruhigen. Diese Überoffenheit erzeugt das ästhetische Vermögen und die moralische Urteilskraft. Wir gewinnen sehr viel mehr Eindrücke von der Welt, als im Sinne der Selbsterhaltung nötig wären. Folglich sind wir weltanschauende, weltbildende, weltbeurteilende Wesen.

Nietzsche hat ja recht, wenn er sagt, daß die Welt nur als ästhetisches Phänomen wirklich gerechtfertigt werden kann. In dieser Hinsicht leben wir stark über unsere Verhältnisse, denn wer mehr Elend und Häßlichkeit hinterläßt, als bei seiner Ankunft in der Welt da war, überzieht das Konto. Andererseits sind ungeheure Leistungen auf der Seite der konstruktiven Arbeit nicht abzustreiten.

TELL *Brauchen wir ein bedingungsloses Grundeinkommen?*

SLOTERDIJK Sie sollten berücksichtigen, daß ich seit vielen Jahren Krieg führe gegen Sätze, die mit »wir brauchen« beginnen. Kein Mensch braucht Aussagen über das, was »wir brauchen«. Man macht es, oder man läßt es sein.

Im Grundeinkommen-Gedanken steckt ein wertvolles Motiv, nämlich die Menschenrechtsforderung nach Freiheit von Not und Furcht. Um die zu besichern, haben wir hierzulande Dutzende von Hilfesystemen.

Das Beiwort »bedingungslos« verdirbt die große Idee, denn wer »bedingungslos« sagt, meint gratis. Und wer etwas gratis will oder dazu verführt wird, etwas gratis zu wollen, bekennt sich zu der märchenhaften Meinung, es müsse Leistung ohne Gegenleistung geben.

Verstehen wir uns recht, ich liebe Märchen und nehme sie ernst, auch weil ich als Leser Ernst Blochs den »Geist der Utopie« in ihnen sehe, wenn er sich zeigt. Bloch hat zwischen Vorwärtsträumen und Rückwärtsträumen streng unterschieden. In meinen Augen ist die Forderung nach bedingungslosem Grundeinkommen ein klarer Fall von Rückwärtsträumerei. Im Traum wollen wir dafür bezahlt werden, daß wir da sind. Aber warum? Bei Beaumarchais spricht Figaro das Geheimnis des bezahlten Daseins aus: »Der Herr hat sich die Mühe gegeben, geboren zu werden!«

TELL *Eine letzte Frage: Das Leben wird immer sicherer. Die Lebenserwartung immer höher. Haben die Menschen verlernt, den Tod zu akzeptieren?*

SLOTERDIJK Vermutlich haben sie ihn nie wirklich akzeptiert. Es gab sicher Menschen, denen es leichter fiel,

sich von ihrem Leben zu trennen, etwa bei den Ordens-
leuten, vor allem aber unter den jungen Männern, die
von erfahrenen Offizieren oft in die erste Schlachtreihe
gestellt wurden; sie wußten, die naiven Rekruten dachten, die Kugel mit der Aufschrift ihres Namens sei noch
gar nicht gegossen. Alle Probleme, die wir heute haben,
gehen von entfesselter Lebensgier aus.

Humor, ein staatsbürgerlicher Impfstoff

Im Gespräch mit Christophe Ono-dit-Biot*

ONO-DIT-BIOT *Wie reagiert der Autor von* Réflexes primitifs *auf den Ausbruch der Gewalt in Frankreich im 21. Jahrhundert? Ein 47-jähriger Geschichtslehrer, enthauptet von einem 18-Jährigen ...*

SLOTERDIJK Ich bin wie die meisten Menschen betroffen und hoffe, daß dieses Gefühl von sehr vielen geteilt wird, aber Betroffenheit taugt leider nicht zur Analyse ... Ich bin nach wie vor empört über den Automatismus der Medien in diesem asymmetrischen Krieg zwischen Terrorismus und Staaten: Sie lassen immer den Aggressor gewinnen. Das vergiftet unser demokratisches Kommunikationssystem. Auch die Philosophen tun seit dem Zweiten Weltkrieg so, als ob es die wichtigste Aufgabe des philosophischen Denkens wäre, den Alptraum zu verstehen und in den Abgrund zu blicken. Sehen wir es pragmatisch: Ein Mann mit einem Schlachtermesser, der jemanden umbringt wie im Mittelalter, kann ein großes Land nicht provozieren. Warum wurde der Mann getötet? Ging es wirklich nicht anders? Man hätte ihm den Prozeß machen müssen. Ihn der Öffentlichkeit vorführen sollen. Wichtige Prozesse waren schon immer gro-

* Dieses Gespräch zwischen Peter Sloterdijk und Christophe Ono-dit-Biot erschien unter dem Titel »L'humour, ce vaccin civique« in *Le Point* (22. Oktober 2020).

ße Momente republikanischer Erziehung. Ja, Erziehung durch einen Prozeß. Das ist die einzige Art, den asymmetrischen Krieg zwischen der Republik und der islamischen Umma zu beenden, der nie zu akzeptablen Ergebnissen führt. Kissinger sagte 1969: »Die Guerilla gewinnt, wenn sie nicht verliert. Die konventionelle Armee verliert, wenn sie nicht gewinnt.«

ONO-DIT-BIOT *Also hat für Sie die Republik diesen Krieg bereits verloren?*

SLOTERDIJK: Sie sagt ihre Mantras auf, ihren republikanischen Katechismus, »Laizismus«, »Meinungsfreiheit«, »Bildungsfreiheit«, sie beruft sich auf Symbolik, anstatt intelligent gegen einen religiösen Auftrag vorzugehen, der eine viel stärkere Macht über das Individuum ausübt. Das erinnert mich an die Sackgasse, in die Lehrer gerieten, als sie ihren Schülern eine Schweigeminute zu Ehren der Karikaturisten von *Charlie Hebdo* vorschlugen und ihre Schüler sich weigerten und sagten, ihre Religion verbiete es ihnen. Aus ihrer Sicht handelte es sich um eine gerechte Strafe für Gotteslästerung.

ONO-DIT-BIOT *Aber der Straftatbestand der Gotteslästerung wurde in Frankreich im Strafgesetzbuch von 1791 abgeschafft. Was soll man also diesen Schülern sagen?*

SLOTERDIJK: Man läßt sich ihren Personalausweis zeigen, wie der Philosophielehrer René Chiche es getan hat, und fordert sie auf, eine Entscheidung über ihre Zugehörigkeit zu treffen: Französisch zu sein bedeutet, seine Urteilskraft und Kritikfähigkeit zu nutzen. Nur die Bekräftigung dieses gesunden Spinozismus und die Freude darüber, Dinge zu begreifen, können dazu beitragen, Kräfte zu wecken. Ich glaube nicht an Drohgesten, an die Kampfreden gegen »Obskurantismus« oder an einen »Kampf der Kulturen« – damit macht man es sich zu einfach. Der Kampf der Kulturen, das ist Altertumsforschung: Voltaire ermutigte die Zarin Katharina die Große, im Namen der Zivilisation das muslimische Reich der Osmanen anzugreifen. Er gab ihr den Segen der Aufklärung. Und wo stehen wir heute? Bei der Enthauptung eines Geschichtslehrers in Frankreich im Jahr 2020 und Drohungen gegen Ihren Präsidenten seitens des Mörders, der ihn als »Führer der Ungläubigen« bezeichnet ... Frankreich ist zu oft blind, wenn es mit Verhalten konfrontiert wird, das sich auf religiöse Gebote beruft. Aber man scherzt nicht über Gotteslästerung, wenn man verstanden hat, was das für die andere Seite bedeutet. Wenn Sie »Terrorist« sagen, werden die anderen vom »Märtyrer« sprechen ...

ONO-DIT-BIOT *Sie sagen »für die andere Seite«. Aber es ist doch ein und dasselbe Land?*

SLOTERDIJK: Gewiß. Der Enthaupter aus Conflans war kein Franzose, aber er hatte gerade einen Aufenthaltstitel für zehn Jahre erhalten. Und diejenigen, die im Bataclan und bei *Charlie Hebdo* gemordet oder das Polizistenpaar in Magnanville getötet haben, besaßen die französische

Staatsbürgerschaft ... Sie sind Franzosen, aber sie stellen vor allem ihre muslimische Identität in den Vordergrund, weil bei ihnen das symbolische Immunsystem, das man Humor nennt, nicht ausreichend entwickelt ist, mit dem man sich gegen das verteidigen kann, was sie als »Aggression« erleben. Man müßte ihnen viel mehr die Hand reichen und ihnen eine staatsbürgerliche Impfung anbieten ...

ONO-DIT-BIOT *Aber bietet der Kurs der »Meinungsfreiheit« im Programm der Éducation nationale nicht genau diese symbolische Impfung an? Hat dies nicht auch der Lehrer Samuel Paty getan, als er den Schülern die Karikaturen zeigte und denen unter ihnen, die sich verletzt fühlen könnten, freistellte, den Raum zu verlassen?*

SLOTERDIJK: Ja, und das berührt mich sehr, genauso wie die aufrichtige und einstimmige Reaktion des Lehrkörpers in Frankreich. Es wurde ja der ganze Lehrkörper symbolisch angegriffen. Auch im wörtlichen Sinne. Der Körper des Lehrers. Sein Kopf ... Diese politische Bewegung zeigt, daß das Bild des wichtigen Grundschullehrers als »Kind der Republik« im Sinne Charles Péguys und der Dritten Republik fortlebt, daß der »schwarze Husar« der Republik nicht aufgibt. Was der Lehrer getan hat, indem er den muslimischen Schülern anbot, den Klassenraum zu verlassen, wenn sie es möchten, entspricht der Höflichkeit, die ich mir gegenüber denjenigen wünsche, die sich in einer anderen Mentalitätszone befinden.

ONO-DIT-BIOT *Sie sagen, es fehle dem französischen Begriff des Laizismus an »Höflichkeit«? Das müssen Sie uns erklären!*

SLOTERDIJK: Frankreich definiert sich gern als das »Land der Aufklärung«. Das ist richtig, aber Frankreich ist auch das Land, in dem das Edikt von Nantes widerrufen wurde, das den Protestantismus in Frankreich vernichtet hat. Dieser war ein Element der Mäßigung. Die Aufklärung ist ein Ersatz für den Protestantismus, aber ein wenig exzessiv, fast zu religiös, ohne es zu wissen. Der französische Laizismus ist zu sehr das Kind der Revolution und nicht wie in Deutschland das Resultat eines Religionsfriedens. Es muß im Unterricht mehr über Religionen gesprochen werden, aber auch über Humor, der Religionen aufs Korn nimmt. Man müßte »vergleichenden Humor« als Disziplin etablieren, analog zur »vergleichenden Literaturwissenschaft«, müßte zeigen, wie hart die Karikatur mit dem Katholizismus umgegangen ist, und auch, wie schwierig es ist, Witze über den Islam zu machen, nicht etwa, weil diese Religion vollkommen anders wäre und mit mehr Fingerspitzengefühl behandelt werden müßte, sondern weil er so nüchtern ist, daß man sich über nur weniges lustig machen kann!

ONO-DIT-BIOT *Wenn man Sie so reden hört, klingt es, als müßten wir auch in diesem Bereich einen Impfstoff erfinden! Machen Sie sich denn keine Sorgen, daß die Angst zunehmend zur Selbstzensur führt? Oder zum »Recht, nicht beleidigt zu werden« wie in den USA?*

SLOTERDIJK: Ich habe den Eindruck gewonnen, daß es im Moment in Frankreich auch im linken Spektrum einige selbsternannte »Philosophen« gibt, die die »Paradigmen der Debatte« und der »Diskussion« abschaffen wollen und »ein gewisses Maß an Zensur im öffentlichen Raum« wieder zulassen wollen. Ich glaube aber, daß die Meinungsfreiheit in Frankreich nicht in Gefahr ist. Im Vergleich zu dem, was sich auf dem Campus amerikanischer Universitäten abspielt, wo die Meinungsfreiheit wirklich in Gefahr ist, bleibt Frankreich ein Paradies der Respektlosigkeit. Ich glaube sogar, daß die Fähigkeit sich zu mokieren hier genauso tief verwurzelt ist wie die Neigung, Lektionen zu erteilen! Übrigens haben nicht die Schüler den Lehrer getötet. Nein, nicht seine Schüler haben ihn getötet, sondern ein Zusammenspiel der Medien, an dem soziale Netzwerke und islamistische Organisationen beteiligt waren, die eine provokante und erlogene Nachricht an jene weitergeleitet haben, für die es keine Unschuldigen gibt und kein anderes Recht als jenes, das sie für sich beanspruchen.

(Aus dem Französischen von Sophie Nieder)

Vom Unbehagen in der fiskalischen Kultur*

Nichts auf der Welt sei so sicher wie der Tod und die Steuern, schrieb Benjamin Franklin. Das Statement weist auf die Ambivalenz des menschlichen Daseins hin: Nichts ist umsonst. Schon Kleinkinder lernen, den Preis der Mutterliebe zu erraten, indem sie brav werden.

Als der fast 75jährige Sigmund Freud im Jahr 1930 im Internationalen Psychoanalytischen Verlag zu Wien seine Abhandlung *Das Unbehagen in der Kultur* veröffentlichte, fügte er seinem ambitionierten Projekt, die Psychoanalyse von einer psychotherapeutischen Methode zu einer allgemeinen Kultur- und Religionstheorie (möglicherweise sogar zur Kultur- und Religionstherapie, ja zu einer umfassenden Zivilisationsberatung) zu erweitern, ein Schlußkapitel an, das bald als die Krönung des Unternehmens wahrgenommen werden sollte. Nahezu ein Jahrhundert nach seinem Erscheinen gilt Freuds spätes Opus als Meilenstein der kulturtheoretischen Reflexion diesseits und jenseits der psychoanalytischen Schule. Sein Grundgedanke, wonach das Zusammenleben von Menschen in sozialen Verbänden wachsender Größe bis hin zu den modernen Flächenstaaten mit vielen Millionen Einwohnern nur um den Preis von Triebverzicht und Aggressionshemmung bei den einzelnen mög-

* Dieser Beitrag erschien unter dem Titel »Vom Unbehagen in der fiskalischen Kultur« am 7. November 2020 in der *Neuen Zürcher Zeitung*.

lich wurde, hat der Kulturtheorie ein unentbehrliches Instrument zur Deutung psychoökonomischer Ambivalenzen an die Hand gegeben.

Nichts ist umsonst

Psychoökonomie, als Teil der Kulturtheorie aufgefaßt, läßt sich als allgemeine Theorie der Preise verstehen. Sie erläutert, wieso das Prinzip Gratis dem Reich des Märchentraums, der Utopie und der Agitation angehört, indessen das ökonomisch Reale am Phänomen des Preises erkennbar wird. Unabhängig von der Frage, ob er gerecht oder ungerecht ist, erinnert der Preis daran, daß Dinge oder Leistungen, die man sich aneignen möchte, »etwas kosten«. Er ist der Vertreter des »Realitätsprinzips« auf dem ökonomischen Feld, indem er den begehrenden Wesen die nicht immer willkommene Erkenntnis übermittelt, daß nichts im Leben umsonst ist. In Freuds Perspektive ist das Leiden an den Zwängen der Kultur – er milderte das »Leiden« mit stoischer Abneigung zum »Unbehagen« – der wenn nicht geradezu gerechte, doch unvermeidlich aufzubringende Preis für den Aufenthalt von Triebwesen in den Gehegen der Zivilisation. Er wird entrichtet im mehr oder weniger expliziten Bewußtsein dessen, was geschehen kann, wenn Zivilisierungen versagen. Der Verzicht auf das vollständige Ausleben der Triebe und auf das Ausagieren der Aggression kann daher als die Urform beziehungsweise die Matrix von Steuern verstanden werden.

Sie werden von den frühen Zahlern von Verzichtleistungen zumeist noch nicht als Preis der Kultur erfahren, sondern als quasi naturwüchsige Zwangsabgaben an eine bestehende Ordnung, die sich von alters her durch fraglose Selbstverständlichkeit (Nietzsche: durch die »Sittlichkeit der Sitte«) verwirklicht. Ihr Finanzamt ist die Gesamtheit der Konventionen, die eine lokale Kultur ausmachen.

Diesen Prämissen lassen sich einige Überlegungen im preistheoretischen und gabentheoretischen Modus anschließen. Der populäre US-Verfassungsrichter Oliver Wendell-Holmes hat in einem Rechtsgutachten von 1927 die Sentenz geprägt: »Taxes are what we pay for a civilized society.« Der Satz steht heute als Inschrift über dem Eingang des IRS Building, der amerikanischen zentralen Steuerbehörde in Washington – man kann ihn unbefangen als preistheoretische Rechtfertigung der Fiskalität in einem modernen Verfassungsstaat ohne feudale Vorgeschichte lesen.

In seinem ursprünglichen Kontext sollte er den Unterschied zwischen Steuern und Strafgebühren (»penalties«) klarstellen. Die Formulierung, Steuern seien eine Gegenleistung für Staatsdienste, präziser eine Bezahlung der vom Staat gewährten zivilisatorischen Vorzüge, gründet in alter, oft zitierter und variierter amerikanischer Tradition. Unmißverständlich sind Steuern in Demokratien demnach als Preise für erwartbare, von den Bürgern in Auftrag gegebene Staatsleistungen aufzufassen, nicht länger als Zwangsabgaben, die ein Staat in paternalistischer und obrigkeitlicher Tradition seinen Bürgern auf-

zuerlegen (»impôts«) berechtigt wäre, nachdem er ihnen
mit seinen von ihnen unverdienten Wohltaten (Justiz-
wesen, Bildungswesen, Verkehrswesen, Wohlfahrt) zuvor-
gekommen sei.

Ubi fiscus, ibi imperium

Eine psychoökonomische Gesamtbetrachtung erlaubt
es, das diffuse »Unbehagen in der Kultur« weiterzuverfol-
gen bis zum Unbehagen in der Fiskalkultur. So, wie es
von jeher ein begreifliches Ressentiment gibt gegen die
Versagungen, die der Kulturzwang den einzelnen aufer-
legt, gibt es auch einen ständigen untergründigen Groll
der vielen in den entstehenden Staaten der frühen Neuzeit gegen die Allianz zwischen den Fürsten und der
städtischen Geldkultur, aus der allein der ursprüngliche
Fiskus, die von Gold- und Silbermünzen gefüllte Schatul-
le des Königs, hervorgehen konnte. Thomas von Aquin
brachte die Ambivalenz der Steuererhebung in den Ge-
meinwesen des 13. Jahrhunderts auf den Begriff, als er
von einem *furtum legale*, einem vom Recht eingeräum-
ten Diebstahl, sprach. Eine herrschaftstheoretische Devise des Mittelalters besagte nicht ohne Grund: *ubi fis-
cus, ibi imperium*, wo der Staatsschatz liegt, dort ist die
Befehlsmacht.

   Der Fiskus gibt dem zweiten, nicht verweslichen Körper des Königs Substanz: Er erst bringt, sofern er den
Tod des Königs überdauert, die Möglichkeit eines Staats
hervor, sprich einer Institution mit Anspruch auf Dauer,

Allgegenwart, vielleicht sogar Unsterblichkeit. In Thomas Hobbes' *Leviathan* wurde der Fiskus-Staat zum Polizeizwangsstaat umgedeutet, der Distanz zwischen Bürgern erzeugt, indem er alle bedroht; hierbei wurde er als »sterblicher Gott« definiert, und die Ambivalenz griff auf die höchste Ebene über. Der Staat wurde zum obersten Agenten des Unbehagens in der Hoch-, Staats- und Fiskalkultur – dagegen half die patriarchalische Mystifikation des Volks aus Bauern und Handwerkern nur mit Mühe und Not. Ihr wurde 1793 durch die Enthauptung des Königs die Grundlage entzogen.

Zum Trieb- und Aggressionsverzicht kam von alters her ein aufgezwungener Vermögensverzicht hinzu, der gerade bei den Armen nicht selten bis zur Zumutung reichte, in eine Existenz an der Hungergrenze einzuwilligen. Die widerwillige Unterwerfung unter den Steuerzwang des monarchischen Staates bildete die Quelle aller politischen Resignation.

Man hat in den geläufigen großen Erzählungen von der Französischen Revolution gern vergessen zu erwähnen, daß sie ihrem Anlaß wie ihrem internen Ziel nach eine Steuerrevolte war, die das Egalité-Motiv endlich gegen die beiden oberen Stände durchsetzen wollte, beginnend mit der gewaltsamen Enteignung des enormen Kirchenvermögens – einem prozedural problematischen Auftakt zu einem republikanischen Fiskalsystem. Wie ein solches ohne Zwangsenteignungen gestaltet werden kann, von Kanton zu Kanton, von Bundesstaat zu Bundesstaat, verraten andeutungsweise die schweizerischen und die amerikanischen Systeme; wobei das schweizerische sich dadurch auszeichnet, daß es darauf verzichtet, große Teile des Budgets für imperiale Militärstrukturen aufzuwenden.

Wenige Wochen vor dem Beginn der Französischen Revolution, im Juni 1789, schrieb Benjamin Franklin jenen Brief an einen Freund, in dem sich der ominöse Satz findet: »In this world nothing can be said to be certain except death and taxes.« Wenn aber »in dieser Welt« der Tod und die Steuern als das einzige gelten dürfen, was völlig gewiß ist, so spricht dies dafür, daß das Resignationstraining, mit dem sich die großen Mehrheiten den Steuern eines autoritären Fiskus beugten, an sein Ziel gelangt ist. Franklins Statement ist mehr als ein Bonmot; es ist eine tiefe Sonde, die in die Ambivalenz des menschlichen Daseins leuchtet, in der nach der Abstillphase nichts umsonst ist; schon Kleinkinder lernen, den Preis der Mutterliebe zu erraten, indem sie brav werden.

Mit diesem Befund ist zweierlei gesagt: zum einen, daß das Unbehagen in der Fiskalkultur auch in den meisten Demokratien in einem tendenziell vordemokratischen, autoritären, fatalistischen Zustand stehengeblieben ist. Steuern und Abgaben werden oft immer noch nicht als angemessene Preise für Staatsleistungen empfunden, die man als erwachsener Bürger sportlich und nicht ohne Anerkennung des Geleisteten aufbringen möchte, sollten sie einem auch oft unfair hoch erscheinen; sie werden vielmehr »abgeführt« und sind noch weithin von unpolitischer Duldung und antipolitischer Resignation durchsetzt; diese wird vom autoritären Habitusüberhang republikanischer Fiskalbehörden unterstützt.

Die Ambivalenz der Gabe

Zum anderen: Da bereits die preistheoretische Steuerbegründung demokratiepraktisch und psychoökonomisch weiterhin auf schwachen Füßen steht, da man ihr in den meisten Ländern die Zwangsabgabentheorie unter Umverteilungsauftrag vorzieht, sollte es nicht verwundern, daß die Argumente zu einer gabentheoretischen Begründung bisher über Ansätze nicht hinausgekommen sind. Die heftigen Reaktionen, die gewisse in diese Richtung gehende Vorschläge in der deutschen Steuer-Debatte von 2009 hervorgerufen haben, zeigen, daß das Motiv des Unbehagens in der (Fiskal-)Kultur nicht hinreichend explizit gemacht wurde. Reflexhaft wurde unterstellt, man (genauer: die neoliberale Frivolität) wolle die Steuern abschaffen und sie durch sporadische wohlgemeinte Geschenke seitens narzißtischer Wohlhabender an den Staat ersetzen.

Dies freilich hieß, die Rechnung ohne die Ambivalenz der Gabe zu machen, zudem die steuertheoretischen Implikationen von Marcel Mauss' Gabentheorie zu verkennen. Wenn, wie der große Gelehrte gezeigt hat, die Gabe die Basis aller Ökonomien ist, alle Ökonomie (sofern sie nicht auf Plünderung regrediert) aber auf der Doppelnatur der Gabe als freies Geschenk *und* als Verpflichtung zur Erwiderung beruht, so liegt auf der Hand, daß auch jeder verpflichtend zu entrichtenden Steuer zugleich ein Gabencharakter zukommt. Daß die Politiker und die Behörden dies verstanden haben, würde man – darf man hoffen: bald? – daran erkennen, daß jede Haushaltsdebatte mit einem Dank an die steueraktive Bevölkerung beginnt und jeder Steuerbescheid mit einem Wort der Anerkennung und des Danks an die einzelnen Empfänger.

Leben ohne Ausreden

Im Gespräch mit Lucius Maltzan und Simon Nehrer*

SLOTERDIJK So, da bin ich. Tut mir leid, daß es ein wenig gedauert hat. Ich habe ein etwas langgezogenes Morgenritual, bevor ich mich überhaupt auf den Tag einlassen kann.

MALTZAN/NEHRER *Das geht uns nicht anders. Wie läuft dieses Ritual ab?*

SLOTERDIJK Trivial, es verlangt trotzdem einige Zeit. Man muß sich nach und nach auf die Tatsachen des Wachlebens einstellen. Wenn man einmal acht, neun Stunden oder mehr anderswo war, ist die Rückkehr ins Alltägliche nicht voraussetzungslos. Von Heraklit ist der Spruch überliefert, daß jeder die Nacht in seiner eigenen Welt verbringe, indes es darauf ankomme, wachend in der gemeinsamen Welt zu sein. Dem folgt der Hinweis, dem »Gemeinsamen« – dem *koinon* – zu folgen. Diese »Tagontologische« Konfession ist den alten Griechen wichtig, weil sie versuchen, die Wirklichkeit in der Tagwelt, also in der Politik, zu konstruieren – und nicht im kollektiven Rausch oder anderen Trancezuständen, wo manche Kultur ihre stärksten Momente von Gemeinsamkeit erlebt.

* Dieses Gespräch zwischen Peter Sloterdijk, Lucius Maltzan und Simon Nehrer fand am 3. Dezember 2020 statt und ist Teil der Reihe »Gespräche, die neue Wege gehen« (www.21zeitgeister.eu).

MALTZAN/NEHRER *Und sind wir Tag- oder Nachtmenschen?*

SLOTERDIJK Offiziell sind wir weitgehend Tagmenschen, doch haben wir uns einen breiten Rand mit kollektiven nächtlichen Ausnahmezuständen geschaffen. Das 20. Jahrhundert war eine Zeit, die viel dionysisches Material in die Politik hat einfließen lassen und in der Traumpolitik eine große, zu große Rolle gespielt hat.

MALTZAN/NEHRER *Was hat uns das Jahr 2020 über unser* koinon, *den Staat, gelehrt?*

SLOTERDIJK Zunächst vor allem, daß man sich in bezug auf »das Gemeinsame« nicht einig ist. Wie denn auch, wenn doch *koinon* ein vorsokratischer Ausdruck ist, in dem vieles noch kompakt ineinanderlag, was erst später in Konzepten wie Volk, Staat, Gesellschaft, Verein, Konsensus und Concordia auseinandertritt.

Doch im Gang der diesjährigen Dinge dürfte dies deutlich geworden sein: Der Staat kann sich selber im Augenblick als großen Problemlöser genießen. In solcher Qualität hatten wir das lange nicht erlebt. Im Normalzustand war der Staat hauptsächlich Beschwerdeadressat, die universale Sammelbüchse für Problemmeldungen, vor allem Steuereinsammler und Strafzettelverteiler. Nichts hatte uns darauf vorbereitet, einen genießenden Staat zu erleben; genießend insofern, als daß die Wege von der Beschlußfassung zur Ausführung ungewohnt kurz geworden sind – mit wenig Zeit für legislative und

argumentative Umstände. Der Staat im Verordnungs-
rausch – dergleichen kommt in demokratischen Normal-
verhältnissen nicht vor. Wir erleben jetzt schon viele Monate ein Regieren im Krisenmodus, nahezu ein Jahr. Die
Bundesrepublik kennt zwar keinen Paragraphen 48 wie
die Weimarer Republik, der es erlaubte, am Parlament
vorbei mit Notverordnungen zu regieren. Durch analoge
Mechanismen, zum Teil vorbereitet durch die umstritte-
nen Grundgesetzänderungen von 1968, kamen wir diesem Zustand ziemlich nahe – wenngleich in einer Ge-
samtlage, in der die Demokratie unvergleichlich besser
konsolidiert ist als 1930. Damals kam eine Reihe von Not-
verordnungsregierungen zum Zuge, die in der ominösen
Machtübergabe bzw. Machtübernahme vom Januar 1933
kulminierte.

An dieser Stelle hören die Analogien auf, denn die
Rückkehr zur Normalität ist diesmal Teil des Programms.
Der heutige Staat wird diesen Ausnahmezustand zwar
nicht so leicht vergessen, aber er wird ihn aufheben, sobald es machbar erscheint.

Dennoch hat die Staatlichkeit 2020 unvergeßliche Erfahrungen gesammelt, unter anderem in der Geldpolitik
und *in puncto* Fügsamkeit der Population unter Verord-
nungsregiment. In der sogenannten Geldschöpfung haben wir eine Enthemmung erlebt, wie sie seit den legendä-
ren Effekten der Jahre 1922/23 nicht mehr zu beobachten
war. Damals hatte seitens des deutschen Staates offensichtlich *a priori* keine ernsthafte Rückzahlungsabsicht
bestanden, was die Kriegsanleihen beim eigenen Volk
betraf. Ein Historiker resümierte die Auswirkungen der

Währungsreform vom November 1923 dahingehend, daß der Erste Weltkrieg durch sie zum billigsten Waffengang aller Zeiten wurde, obschon er viereinhalb Jahr gedauert hatte: Nachdem man die Schulden des Staats bei der eigenen Bevölkerung Ende 1923 im Maßstab von eins zu einer Billion abwertete, kostete der Krieg das Deutsche Reich zuletzt 1 Rentenmark, 54 Pfennige.

Diese Pointe der Währungsreform erst macht begreiflich, wie sich in den Jahren nach der staatsbewirkten Inflation die neusachliche Stimmung verbreiten konnte. Betrug lag allenthalben in der Luft, niemandem war zu trauen, jeder mußte zusehen, wo er blieb. Nietzsche erschien mit seiner »Umwertung aller Werte« wie ein argloser Träumer. Als der wirkliche Umwerter erwies sich Reichsbankpräsident Schacht.

Wenn dann einer kam und eine Revanche des Realen versprach, kehrte sich das kollektive Mißtrauen zu illusorischen Hoffnungen um. Das war der psychopolitische Effekt der *Roaring Twenties*: Man hatte eine Weile auf dem Vulkan getanzt. Ein Hauch von neuer Ernsthaftigkeit, wie sie in den Parolen der damaligen NSDAP anklang, die den Sozialismus mit Rechtsscheitel präsentierte, sollte genügen, damit unzählige Lohn- und Illusionsabhängige dem Rattenfänger hinterherliefen.

Auch heute sind die finanzpolitischen Hochstapeleien beängstigend, jene der Federal Reserve schon seit längerem, die der Europäischen Zentralbank inzwischen ebenso. Allerdings ist der Inflationseffekt momentan wenig spürbar, im Bereich der Konsumgüter wird er sogar nahezu unsichtbar gemacht. Wo man ihn deutlich bemerkt, bei Eigentumstiteln und Aktien, ist die Mehrheit der Bevölkerung nicht genug engagiert, um so mißtrauisch zu werden, wie sie sinnvollerweise sein sollte.

MALTZAN/NEHRER *Spitzt sich unsere Lage tatsächlich zu oder täuscht der Eindruck?*

SLOTERDIJK Das hat die Lage so an sich, daß die Menschen sich in den spitzen Winkel zu ihr stellen.

Allgemein ist zu sagen: Je mehr Akteure in einem Ereignisraum agieren, desto höher steigt die Wahrscheinlichkeit von Kollisionen. Das kann man schon am Verhalten von Molekülen heißer Flüssigkeiten zwischen Glasplatten feststellen, einem der klassischen Experimente der frühen Chaostheorie: Wo sich Strömungen bilden, entstehen Turbulenzen, Katarakte und Bündelungen. Systemtheoretisch gesprochen nimmt durch den steigenden Verkehr der Weltakteure die Wahrscheinlichkeit von Zusammenstößen überproportional zu. Man wird sehen, wie sich die aufgeheizten südostasiatischen Moleküle mit den nordatlantischen vertragen.

Auf der sozialempirischen Seite erleben wir gegenwärtig durch fortlaufende Krisenberichterstattung eine Gewöhnung an die tägliche Bekanntgabe der Todesstatistik – obschon eingeengt auf das Segment Corona-Sterblichkeit. Ein solcher Zustand des Nachrichtenwesens ist bei uns seit dem Ersten Weltkrieg ohne Beispiel. Soviel ich weiß, haben selbst die Amerikaner im Zweiten Weltkrieg und später im Vietnamkrieg mit der Praxis des *body count* aufgehört, um die Menschen an der Heimatfront nicht zu demoralisieren. Wir kehren im Augenblick die einschüchternde Wirkung der Todeszahlen hervor, um den Gleichgültigen und Hochmütigen den Ernst der Lage vorzuführen.

MALTZAN/NEHRER *Können wir von der Politik mehr erwarten, als das Schlimmste zu verhindern?*

SLOTERDIJK Ob es uns gefällt oder nicht, müssen wir sehr viel mehr als das von ihr erwarten, wenn nicht die Entpolitisierung durch Entmutigung überhandnehmen soll. Der politische Prozeß hat sich daran zu orientieren, die Option für Verbesserungen immer von neuem offenzuhalten, denn Verbesserungen sind von Fall zu Fall zu erstreiten. Sie ergeben sich nie durch eine evolutionäre Automatik, aber sie sind auch kein leerer Wahn, wie die Dulder aussichtsloser Zustände glauben, die von alters her gelernt haben, es werde erst im Jenseits besser – vorausgesetzt, sie haben sich im Diesseits zusammengenommen. Bazon Brock hat vor einigen Jahren die berüchtigte Aussage Carl Schmitts – »Souverän ist, wer über den Ausnahmezustand entscheidet« – auf den Kopf gestellt, in der Überzeugung, sie zu berichtigen: »Souverän ist, wer den Normalzustand garantiert.« Momentan bewegen wir uns, krisenbedingt, auf der schmalen Trennlinie zwischen den beiden Sichtweisen. Der Staat tritt heute mit seiner Definitionsmacht in bezug auf den Ausnahmezustand überdeutlich hervor, er proklamiert per Lockdown-Vorschriften den hygienistischen Notstand. Zugleich beruft er sich auf seinen Auftrag, die Rückkehr zum Normalzustand einzuleiten.

Das erinnert von Ferne an die Funktion des Diktators bei den Römern, dem in Krisenzeit sein Mandat auf sechs Monate erteilt wurde. Der Zeitfaktor war beim *imperium*, der obersten militärischen Befehlsgewalt, von vornherein mitgedacht. Überdies mußte ein Oberbefehlshaber an der Stadtgrenze demissionieren, wenn er den Boden der zivilen Stadt betreten wollte. Die Konsuln wurden in Friedenszeit jeweils nur auf ein Jahr gewählt, obendrein gab es deren immer zwei, damit sie sich gegenseitig in Schach hielten.

MALTZAN/NEHRER *Womit sie das neuzeitliche Prinzip der* checks and balances *vorwegnahmen?*

SLOTERDIJK In gewisser Weise. Bekannt ist, daß den Römern nichts so verhaßt war wie die Idee der Monarchie. Die römische Mentalität war aus der anti-etruskischen Revolution hervorgegangen: Man entsinne sich der Römerin Lucretia, die von einem Sohn des etruskischen Königs Tarquinius vergewaltigt wurde. Ihr Selbstmord brachte die römische *res publica* als vornehm-zivile Empörungsgemeinschaft zu sich. Daher der konstante anti-monarchische Affekt; daher die Befristung der Vollmachten; daher die stetige gegenseitige Überwachung der Amtsträger; daher die Vermeidung des Königtitels noch bei den Caesaren.

Einen Teil des römischen Erbes haben wir, als Nachfolger Montesquieus, mehr oder weniger unbewußt in unsere Verfassungen übernommen: In der elaborierten Form moderner Gewaltenteilung sollte ein Durchbrennen der Exekutive, sprich die Diktatur, nicht mehr ohne weiteres möglich sein.

Deswegen haben die Westeuropäer Grund, gegenüber manchen Osteuropäern energisch aufzutreten, wenn dort die Rechtsstaatlichkeit und *eo ipso* die Gewaltenteilung in Gefahr zu geraten scheint. Sie ist in Gefahr, wenn die Tendenz zur politischen Beugung der Justiz und der Pressefreiheit überhandnimmt, so wie man es in Polen und Ungarn seit Jahren mit Händen greifen kann.

In Gefahr ist die Rechtsstaatlichkeit aber auch, wenn Neigungen des Staats zum Regieren auf Verordnungsbasis Routine werden – womit derzeit bei uns zu viel experimentiert wird. Was ist das für ein Zustand der Demokratie, wenn die Parlamente darum betteln müssen, bei lebenswichtigen Entscheidungen zumindest nachträglich gehört zu werden? Und wenn 27 nationale Parlamente nach einer Siesta einhellig so tun, als hätten sie verstanden und aus Einsicht gutgeheißen, was die Unterhändler der EU mit den Briten in jahrelangem Streit ausgehandelt und in einem 1200-seitigen Dokument fixiert hatten, dann kann man mit der legislativen Komponente demokratischer Prozeduren nur noch Mitleid haben.

MALTZAN/NEHRER *Die einen sehen die Welt geradewegs auf eine bessere Zukunft zusteuern, die anderen beklagen ihren Verfall.*

SLOTERDIJK Es gibt verschiedene Menschentypen in entgegengesetzten Existenzlagen. Die Leute, die den Verfall beklagen, sind in der Regel solche, die das Gefühl eigener Handlungsmächtigkeit verloren oder nie erworben haben und freiwillig-unfreiwillig in die Zuschauerposition geraten sind. Ihre existentielle Erfahrung macht sie glauben, das Zeitgeschehen sei so etwas wie ein Mantel-und-Degen-Film in Technicolor und das Fernsehen präsentiere ihnen in täglicher Vorpremiere Ausschnitte aus dem Breitwandopus. Sie spielen darin keine Rolle, allenfalls als unbezahlte Komparsen, die per Zufall ins Bild gerieten. Wenn die Ausgebooteten und Entwürdigten einmal glauben durften, sie hätten »ihren Mann« nach oben gebracht, wie es zuletzt im Casus Trump geschah, der bei den Wahlen im November 2020 horrende siebzig Millionen Stimmen und mehr erhielt, dann wird es nach dem Ende des Spektakels nicht leicht werden, den Schein-nicht-Ohnmächtigen zu erklären, warum sie jetzt wieder so ausgebootet sind wie zuvor.

Andere denken sich weniger als Komparsen denn als Hauptdarsteller oder zumindest als Anwärter auf dankbare Nebenrollen. Solche Akteure machen von den chaostheoretischen Gerüchten der letzten Jahrzehnte positiven Gebrauch, wonach der ganz große Überblick gar nicht die unabdingbare Voraussetzung für erfolgreiches Handeln sei. Ein Hauch von Chaostheorie lag schon in der Luft, als Oliver Cromwell, der Führer der puritanischen Revolution Englands im 17. Jahrhundert, sagte: »Nie steigt ein Mann höher, als wenn er nicht weiß, wohin er geht.« Ich denke jetzt aber mehr an die polyvalenten napoleonischen Typen, die immer noch unter uns sind, vielleicht sogar mehr denn je. Sie fangen in der fröhlichen Bedeutungslosigkeit an und finden bisher unbemerkte Stufen nach oben. Das am meisten bezeichnende Sprichwort, das man Napoleon zuschrieb, lautete: »*On s'engage, et puis l'on voit.*« Man legt los, und dann sieht man.

MALTZAN/NEHRER *Kann das gutgehen?*

SLOTERDIJK Napoleons Mutter Laetitia wurde mit ihrem Seufzer berühmt: »*Pourvu que cela dure.*« Wenn das nur gutgeht auf die Dauer! Im korsischen Dialekt klingt es fatalistischer. Vermutlich haben die südlichen Mentalitäten einen engeren Zugang zur Ergebung in die vermeintlichen Schicksalsgesetze.

Unsereins kennt die fatalistische Tonart, falls überhaupt, am ehesten aus dem Teil des Alten Testaments, in dem der Prediger Salomonis seine Weisheit verbreitet: Alles ist eitel. Der Mensch geht dahin wie Gras. Wer sich groß dünkte, wird gewesen sein wie ein Nichts. Das ganze Leben ist Haschen nach Wind. Dieser Ton ist uns fremd geworden, weil er keine Hoffnung ausdrückt, und der Jargon der Hoffnung ist die Amtssprache der Moderne.

MALTZAN/NEHRER *Sind der Fatalismus, gar der Zynismus legitime Überlebensstrategien? Immerhin erfreuen sich alle möglichen Stile der Weltabwendung vom Alkohol bis zum privatistischen Idyll großen Zulaufs.*

SLOTERDIJK Dergleichen sind bewährte Überlebensstrategien. Das Beiwort »legitim« ist wohl gar nicht notwendig. Unter ausreichend schlechten Umständen ist alles, was irgendwie geht, durch Erfolg empfohlen, bis hin zu den Wonnen der Gewöhnlichkeit im Mafia-Leben.

Wenn ich assoziieren darf: Helmut Lethens Buch *Verhaltenslehren der Kälte*, 1994 erschienen, schildert gewisse intellektuelle Überlebensstrategien der zwanziger und dreißiger Jahre. Damals, in der Nachkriegszeit, als alle Welt ihre Nachgefechte führte, dominierte das reglose, kalte Subjekt, das sich einen emotionalen Panzer zugelegt und das falsche Lächeln eingeübt hatte. Zynische Souveränität war die Charaktermaske der Periode, die wir mit dem Schlagwort »Weimarer Zeit« umschreiben. Wenn man davon ausgehen muß, daß alle Welt lügt, kann sich niemand mehr den Luxus der Wahrheit leisten. Einen der erhellendsten Sätze jener Zeit findet man in Walter Serners *Handbrevier für Hochstapler* von 1927: »Nicht der Widerwille vor der Welt, in der alle verraten, verkaufen und betrügen, macht viele Menschen zu Eigenbrödlern, sondern die Furcht davor, nicht genug Kraft zu haben, unablässig zu mißtrauen, zu spiegelfechten und zu plündern.«

Nach Auskunft seiner Erinnerungen, die vor wenigen Monaten erschienen, hatte Lethen sein Thema gefunden, als ihm seinerzeit das *Oráculo Manual. Das Handorakel und die Kunst der Weltklugheit* des spanischen Jesuiten Baltasar Gracián in die Hand fiel. Gracián gibt in dreihundert geschliffenen Aphorismen Unterricht für das Überleben im Haifischteich der entfesselten Ambitionen, das heißt in einer Welt – wir schreiben die Mitte des 17. Jahrhunderts –, in der sich niemand des Wohlwollens der anderen sicher fühlen durfte. Kein Geringerer als Schopenhauer hat Graciáns Werk 1832 ins Deutsche übertragen. Wenn man von dem unseligen Jahr 2020 einen Moment hervorheben will, dann wohl diesen, daß Hans Ulrich Gumbrecht, Romanist von Stanford, eine ebenso glanzvolle, doch begrifflich präzisere Neuübersetzung des Werks vorgelegt hat. Ob die neue Aktualität Graciáns Teil einer durchwegs guten Nachricht ist, darf man bezweifeln.

Sein Modus von strategischem Überlebenswissen ging durch aufklärerische und romantische Naivitätsübungen weitgehend verloren, nachdem sich mit dem sentimentalen Bürgertum das Pathos der aufrichtigen Selbstaussage verbreitete. Es folgte die lange expressivistische Konjunktur, in der Sein und Sichausdrücken gleichgesetzt wurden. Die Kunst der Weltklugheit im jesuitischen Stil geriet darüber in Vergessenheit.

In den zwanziger Jahren des 20. Jahrhunderts war sie mit einem Male wieder da. Die Leute begriffen *nolens volens*, daß alle Welt im Krieg ist und nicht wieder abrüsten wollte. Nun hatten alle von allen zu lernen. Alle mußten einsehen, daß sie Schauspieler sind und zugleich Feldherren in eigener Sache. Die politischen Intellektuellen sprachen mit Vorliebe von Klassenbewußtsein, indes die Kulturanthropologen das Rollenbewußtsein betonten.

MALTZAN/NEHRER *Aber hat man diese Überlebensstrategien einmal als legitim erkannt, führt kein Weg zurück aus dem Zynismus in die unschuldige, heile Welt?*

SLOTERDIJK Wenn man dessen so sicher sein könnte! Es gibt mehr Zurück in der Welt, als die progressive Schulweisheit sich träumen läßt. Man beobachtet heute wieder viele Lebensentwürfe, die mit Heile-Welt-Postulaten einhergehen. Unter privilegierten ökonomischen Prämissen kann man sich seine Wirklichkeit fast frei auswählen. Wer will, kann den Mallorca-Urlaub auf Dauer stellen oder nach Berlin-Friedrichshain ziehen und sich jede Nacht im »Berghain« zudröhnen – was eben die eigene Vitalität so hergibt.

Selbst das, was vor fünf, sechs Jahrzehnten die sexuelle Revolution hieß, hat Supermarktcharakter angenommen. Was zählt, ist nicht mehr das Abenteuer um die Ecke; man kreuzt einfach das Zutreffende an, sofern man den Mut hat, seine Bedürfnisse zu äußern. Notwendigerweise tritt das Problem des 17. Jahrhunderts – sich nicht durchschauen zu lassen – in veränderter Kostümierung wieder auf, was die Sache etwas schwieriger macht. Von seinem Begehren muß man Zeichen geben, ohne sich auszuliefern; wenn man sich dabei zu sehr verstellt, kriegt man nicht, was man will.

MALTZAN/NEHRER *Hat die Politik einen glaubwürdigen Primat über die Wirtschaft inne?*

SLOTERDIJK Sie hat ihn soeben wieder mehr denn je demonstriert, obschon wider Willen, denn üblicherweise tut sie gern so, als könne sie nicht, wie sie will, weil der Vorrang der Wirtschaft es nicht erlaube.

Für diesen Primat war einmal ein kompakter Ausdruck in Gebrauch: Sozialismus. Solange sich offen so nennende Systeme existierten, erübrigte sich scheinbar die Diskussion darüber, was an erster, was an zweiter Stelle stehen soll.

Dann folgte vor dreißig Jahren der finale Kollaps dieser Konstrukte in der östlichen Hemisphäre, und es sah eine Weile so aus, als sei es die liberale Wirtschaftsweise, die auf ganzer Linie gesiegt hätte. Jedoch: Die Sowjetunion und ihre Bruderstaaten hatten vor allem deswegen schlechter abgeschnitten, weil sie auf dem Gebiet der Rüstung – dem einzigen Gebiet, auf dem sie technisch ebenbürtig waren – nicht genügend Masse aufbringen konnten. Das schlichte Geheimnis des westlichen Sieges im Kalten Krieg war das gewonnene Wettrüsten, und dieses ging auf ein staatliches Subventionsprogramm für die Rüstungsindustrie der USA zurück: Reagan und Co. handelten nach dem Vorsatz, die Sowjetunion in Grund und Boden zu rüsten, um danach alleine die Spielregeln zu bestimmen. Fukuyamas bekanntester Irrtum wird immer noch falsch kritisiert: Was gewonnen hatte, war ja nicht das vorgeblich alternativlose liberale ökonomische System – was ein »Ende der Geschichte« impliziert, sofern »Geschichte« ein Ausdruck für »Systemwettbewerb« sein soll –, es war die westliche Variante des Primats der Politik, als entfesselte Rüstungspolitik, über die östliche.

Aus heutiger Sicht ist das vermeintlich unausweichliche Resultat, der Sieg des Westens, von extremer Ironie, weil der Primat der Politik im Modus der wirtschaftspolitischen Verordnungsprozeduren inzwischen um ein vieles sichtbarer denn je zurückgekehrt ist. Auch bei uns herrschen zur Stunde semi-diktatoriale Verhältnisse, die offenlegen, was die Soziologen nicht gern und die Politiker schon gar nicht hören möchten: Unser System entspricht seit längerem einem okkultierten Semi-Sozialismus. Mit einer Staatsquote von plus minus fünfzig Prozent am globalen Wirtschaftsergebnis einer Nation läßt sich schwerlich behaupten, wir lebten in einer kapitalistischen Gesellschaft – obschon die Oberflächenprozesse und die entsprechenden Palaververhältnisse uns tagtäglich einreden, die Übermacht liege beim Unternehmertum, und dort besonders beim investiven Kapital.

»Neo-Feudalismus auf verhohlener semi-sozialistischer Basis unter kapitalistisch-demokratischem Überbau?«: Wer hört so etwas gerne? Da gehen die Kategorien durcheinander, die die Weltzustände trennen sollten. Wenn ich am Abend träumerisch dasitze, neige ich zu der These, wir lebten, ohne es offen zuzugeben, längst in einer neo-feudalen Gesellschaftsform, die sich als Kapitalismus maskiert, in der Sache jedoch ein Semi-Sozialismus mit Tendenz zum Dreiviertel-Sozialismus ist. Bei hellem Tag kommt mir die abendliche Vision wie eine barocke Ausschweifung vor. Bei weiterem Nachdenken erscheint sie mir trotzdem als eine These, mit der sich befassen muß, wer die Lage nicht von vornherein zu sehr vereinfachen will.

Wir haben insofern eine neo-feudale Struktur über uns, als innerhalb kurzer Zeit weltweit ein Milliardärs- und Multimillionärsüberbau entstanden ist, den man mit einer Aristokratie alten Typs nicht gleichsetzen darf. Unsere Feudalherren sind obskur, und sie möchten es bleiben. Ein Blick auf die *Forbes*-Liste genügt: Von den größten Vermögen der Welt hat es die Hälfte vor zwanzig Jahren noch nicht gegeben. In der neo-feudalen Lotterie tauchen Spitzenplätze über Nacht auf. Die großen Vermögen sind heute überwiegend gesichtslos und meist ohne Wappen.

Eine Ebene darunter agiert die global zweitmächtigste ökonomische Akteursgruppe: die Nationalstaaten, die über ihre Haushalte an die Steuerleistungen ihrer Populationen gekoppelt sind, und diese an die Erfolge der Volkswirtschaften. Die Entrepreneurialisierung der Nationalstaaten geht bis ins 19. Jahrhundert zurück. Sie drückt strukturelle ökonomische Zwänge aus, die fortbestehen, auch nachdem das Zeitalter der europabasierten Imperialismen vorüber ist.

MALTZAN/NEHRER *Es scheint, wir könnten der Lage ohne Prä- und Suffixe, Bindestriche und alte, schale Begriffe nicht gerecht werden.*

SLOTERDIJK Sie haben ganz recht. Wörter wie feudal, aristokratisch, kapitalistisch, demokratisch, sozialistisch und liberal klingen allesamt etwas altbacken. Die Realitäten laufen dem Lexikon davon. Nicht zufällig wird das meiste, was heute für die Macht- und Masse-Gläubigen zählt, in Grafiken ausgedrückt. Diagramme, Statistiken und Zahlenwerke ersetzen die Anschauung. Das hat damit zu tun, daß wir kein Organ haben, um große Zahlen und Volumen abzuschätzen. Frühe Sprachen konnten gelegentlich nicht weiter als bis zehn oder zwölf zählen.

Im alten Französisch muß es einen dekadenten Zustand gegeben haben, in dem man nur noch bis sechzig zählte. Sobald größere Zahlen auftauchten, war spätgallisches Kopfrechnen nötig: *soixante-dix* – sechzig-zehn ist siebzig; *quatre-vingt* – vier-(mal)-zwanzig ist achtzig; *quatre-vingt-dix* – vier-(mal)-zwanzig-zehn ist neunzig. Obwohl ihr Zahlensystem hinkt, hat man die Franzosen in die Europäische Union aufgenommen.

MALTZAN/NEHRER *Blickt man von außen nach innen: Welches Menschenbild unterstellt unser Wirtschaftssystem?*

SLOTERDIJK Es scheint sich seit einer Weile darauf spezialisiert zu haben, den Menschen als bivalentes, sprich als produzierend-konsumierendes Geschöpf anzusehen. Im Englischen sagt man *prosumer*, auf deutsch Prosument. In Theorien des frühen 19. Jahrhunderts hatte man den »Arbeiter«, als Besitzer der Ware Arbeitskraft, einseitig ins Zentrum gerückt, weswegen man die Arbeiterklasse summarisch die »Produzenten« nannte. Die naiv-marxistische Sprachregelung läßt sich seit geraumer Zeit nicht mehr sinnvoll verwenden, weil die systemisch wichtigste »Arbeit«, die die »Arbeitnehmer« zu verrichten haben, im Kaufen und Konsumieren von Massengütern und in der Rezeption von »Erlebnissen« durch Tourismus und Kulturindustrie besteht. Indessen läßt sich die »Klasse« der Kreativen bzw. der Innovationsarbeiter auch mit dem besten linken Willen nicht mit dem Proletariat verwechseln.

Die letzten hundert Jahre haben aus ökonomischer

Sicht einen Anthropologiewechsel erzwungen. Indem man den Menschen auch als Konsumenten aufzufassen begann, hat man ihn als die der Zeit vorauseilende Wunschmaschine entdeckt, die durch den Privatkredit ins Laufen gebracht wird. In meiner Familie kam es einer Revolution gleich, als meine Großmutter den Großvater überredete, einem Ratenkauf zuzustimmen, vermutlich für einen Schwarzweißfernseher. Das muß um 1960 gewesen sein. Er, ganz Zollbeamter spätwilhelminischer Prägung, stammte aus einer Generation, in der der bloße Gedanke, Schulden zu haben, das moralische Selbstgefühl des Kleinbürgertums verletzte.

Überdies hat die jüngere Ökonomie den Menschen als eifersuchtsgetriebenen Konsumwettbewerber neu beschrieben, der zumeist auch haben möchte, was andere schon besitzen. Das Girard-Dreieck weitet sich fortwährend aus: Die Nachahmung des Begehrens der anderen war vor dem 20. Jahrhundert in der feudalen und patriarchalen Statuskonkurrenz sowie in der Erotik sichtbar, noch nicht in der Wirtschaft des Alltags – das hat Shakespeare in *King Lear* deutlich gemacht. Dort ist es der illegitime Sohn, der nicht einsehen möchte, daß er zurückgesetzt sein sollte, nur weil er ein Jahr nach dem legitimen zur Welt gekommen war und im falschen Bett gezeugt. Inzwischen bezieht sich die Nachahmungseifersucht als der effektive *basic instinct* fast durchwegs auf das Haben der anderen, wobei Prominenz als Haben von Gefolgsleuten neu definiert wird.

Die zweite große Entdeckung des frühen 20. Jahrhunderts ist die Figur des Unternehmers, die 1911 in Schumpeters Habilitationsschrift die Bühne betrat. Er muß von da an als ernstzunehmender Vektor im Wirtschaftsgeschehen begriffen werden. Das ändert am Menschenbild nicht wenig. Eine Unternehmer-Anthropologie sieht nun einmal anders aus als eine Ausbeuter-Anthropologie, die eine böse Allianz von Faulheit und Grausamkeit an der Spitze der Gesellschaft sehen wollte. Das 19. Jahrhundert hatte den Kapitalisten als den Exploiteur gekannt – diese Schandmütze, die ihm die Redner der Arbeiterklasse aufsetzten, mußte er tragen, wenn er auch den Zylinder vorzog.

Seine französischen Pendants waren die Pensionisten. Sie haben den modernen Volkskapitalismus inauguriert. Daß jemand Wertpapiere besaß, sei es durch frühere eigene Arbeit, sei es aus Erbe, daher in Zurückgezogenheit ein schönes Leben führen durfte, Musik hörte, Romane las, Ausstellungen besuchte und eine Rente aus unsichtbaren Werten bezog – worin sollte da sein Unrecht bestehen? Die »Rente« wurde damals, im frühen 19. Jahrhundert, mit einer fast mystischen Bedeutsamkeit aufgeladen, weil sie der Utopie des leistungslosen Einkommens den Weg bahnte. Nach vierzig Jahren Arbeit haben die Beitragszahler unserer Tage meistens wenig Grund, sich an die heitere Bedeutung des Worts im 19. Jahrhundert zu erinnern.

MALTZAN / NEHRER *Hat sich der Ausbeuter tatsächlich neu erfunden oder nur ein wirkungsvolles* Rebranding *als Unternehmer verpaßt?*

SLOTERDIJK Die Frage berührt einen Akzentwechsel im System der Wertschöpfung. Zum einen hat sich herausgestellt, daß ein Gutteil des Mehrwerts nicht durch die Unterbezahlung der Arbeitnehmer entsteht, der altlinken Doktrin gemäß, sondern durch Marktdynamiken, die weit über das hinausgehen, was durch Preissenkungspolitik erzielt werden kann.

Der Begriff »Ausbeutung« war polemisch von Anfang an, da er der Feudalökonomie entstammt. Die Polemik blieb teilweise berechtigt, weil sie den Verdacht ausdrückte, im Arbeitsvertrag sei ein Element von Erpressung enthalten: daß also der Arbeitgeber (im deutschen Sinne des Wortes) – der Kapitalist, der Ausbeuter, der Unternehmer – die Schwächesituation des Arbeitnehmers – des Arbeiters, des Proletariers – ausnutze, um ihn so schlecht wie möglich zu entlohnen. Sie war unberechtigt, sofern der Unternehmer als Erfinder und Organisator von Arbeit sowie als Vorkämpfer in der nationalen und internationalen Konkurrenz unschätzbare Beiträge zur Wertschöpfung und zur Versorgung seiner Arbeitnehmer mit Einkommen erbrachte.

Wer heute von »Ausgebeuteten« spricht, meint, was unsere Zone angeht, am ehesten jene, die in Bereichen mit effektiv sehr geringer Wertschöpfung tätig sind: Briefzustellung, Reinigungsarbeiten, Kassiererin, Erntehelfer, einfache Dienste.

MALTZAN/NEHRER *Seit wann muß die Arbeit eigentlich der persönlichen Erfüllung dienen?*

SLOTERDIJK Eher könnte man fragen: Warum muß sie das überhaupt? Mit monokausalen Erklärungen kommt man bei einem solchen Thema nicht ans Ziel. Man kann einzelne Fäden aus dem verwickelten Gewebe herausziehen, die ahnen lassen, weshalb und wann die Arbeit als Sinn des Lebens entdeckt und als universales Antidepressivum verwendet wurde.

Unsere Kollegen von der mediävistischen Abteilung werden nicht müde, uns zu versichern, daß Arbeit heutigen Stils noch im Mittelalter ein uneuropäisches Konzept war. Das wird daran ersichtlich, daß übers Jahr verteilt fast jeder zweite Tag als Fest- oder Feiertag begangen wurde. Andere Spezialisten für historische Statistik behaupten, der Fleischkonsum des mittleren Europäers habe ums Jahr 1250 doppelt und dreimal so hoch gelegen wie heute, was sicher auch der Allgegenwart von Festen geschuldet war, die als Proteinverteilungsrituale fungierten. Die Einführung des freien Samstags und das Konzept des Wochenendes – des *weekend*, vom englischen Parlament erfunden – waren Kompensationen für das, was der religiöse Kalender älterer Zeit hergegeben hatte.

Die Erfindung der »Arbeit« im engeren Sinn spielte sich vermutlich irgendwann im späten Mittelalter ab und hing mit der Einführung der Uhren und der neuen Zeitmaße für Werkstattarbeit zusammen. Die Glocken gaben den Leuten in den Vierteln und den Werkstätten durch Tonsignale zu erkennen, welche Stunde es geschlagen hatte und was in der verbleibenden Zeit noch zu schaffen war.

Hier gerät man, ob man will oder nicht, in das unruhige Gewässer der Max Weberschen Vermutungen über Protestantismus und Arbeitserfolg. Seine Basishypothese ist immer noch suggestiv: Wenn all die Werkleute schon nicht ins Kloster gehen können, kommt die Klosterzelle zu ihnen in die Werkstatt. Die Zelle ist mit einemmal überall, wo ein frommer Handwerker seiner Arbeit nachgeht: Das ist die frohe Botschaft der Renaissance und des nördlichen Protestantismus – nicht des lutherischen, der in den wesentlichen Punkten quasi-katholisch agiert –, doch jene der reformierten, der calvinisch-zwinglianischen Linie, die von Genf aus über die Niederlande und Großbritannien die moderne, religiös motivierte Arbeitsethik in die erweiterte Welt trug.

Andererseits, wer könnte übersehen, daß sich ein Gutteil der kapitalistischen Entwicklung auf katholischem, norditalienischem Boden abgespielt hat, in den Manufakturen von Florenz, Genua oder Siena, wo die ersten großen Bankhäuser zu Hause waren?

MALTZAN/NEHRER *Muß man Menschen, die in Lohn und Brot stehen – mit einem Bein in Arbeit, mit dem anderen im Konsum –, Glauben schenken, wenn sie sagen, sie seien glücklich und zufrieden?*

SLOTERDIJK Man sollte ihnen um der eigenen Seelenruhe willen und der ihren nicht widersprechen. Meine Generation wurde im Geiste der Kritischen Theorie dazu erzogen, die Glücksaussagen einfacher Leute von Grund auf für suspekt zu halten. Wir hatten Theodor W. Adornos Maxime im Ohr, der entfremdete Mensch füge sich das Unrecht, das ihm angetan wurde, selbst noch einmal zu, um es ertragen zu können. Wer einmal so instruiert wurde, kann Selbstaussagen zufriedener Menschen nicht mehr trauen.

Tatsächlich gelingt die Gegenprobe so gut wie nie: Wenn sich eine Person erklärtermaßen als glücklich präsentiert, muß ich mich bloß fragen, ob ich in ihrer Haut stecken möchte. Das Entsetzen, das mich bei der Vorstellung ergreift, sorgt dafür, daß ich skeptisch bleibe. Dann konvertiere ich von Marx zu Schopenhauer. Der meinte: »Alle Dinge sind herrlich zu sehn, aber schrecklich zu sein.« Marilyn Monroe war für viele Männeraugen schön anzusehen – aber Marilyn Monroe zu sein, war offenkundig das Schlimmste, was einer Frau von angenehmem Äußeren passieren konnte. Im Alter von 36 Jahren nach zwölf, dreizehn Abtreibungen und Fehlgeburten infolge von vergeudeten Liebesnächten mit wichtigen Männern und einer Überdosis Barbiturate das Zeitliche zu segnen: Soll dies ein glückliches Dasein gewesen sein? Hätte man Marilyn in einer Phase relativer Stabilität gefragt, ob sie glücklich sei, ist zu vermuten, daß sie es unbeirrt behauptet hätte. Da sie sensibel war, hätte sie vielleicht die kritische Unterstellung gewittert. Ich und unglücklich? Was wollt ihr eigentlich von mir?

MALTZAN/NEHRER *Zumindest solange die Kamera lief, mußte sie so reden.*

SLOTERDIJK Zeigen Sie mir einen Ort, wo sie noch nicht läuft! Erscheinen, sagt Hegel, ist Sein für anderes. Er ahnte nicht, daß das Erscheinen zur Leitindustrie werden würde. Sie hat dem klassischen »Sein an sich« und dem modernen »Sein an und für sich« den Rang abgelaufen. Wer hätte vorhergesehen, daß alle Welt in ihre Abbilder stürzen wollte? Ohne Sein für anderes geht nichts mehr.

MALTZAN/NEHRER *Heute stellen uns Ökonomie und Ökologie vor ein neuartiges Problem: Wie den Menschen, das sprichwörtliche Gewohnheitstier, seiner Ansprüche entwöhnen?*

SLOTERDIJK Die Krisenwirtschaft zeigt, daß Ansprüche sich von selbst reduzieren, sobald die Lager leer sind.

Ein Gutteil der DDR-Witze beruhte auf der Aufdeckung von Konsumansprüchen im Zeitalter der leeren Kaufhäuser. Diesen hier erzählte mir ein bekannter DDR-Theologe: Geht ein Mann ins Kaufhaus und möchte Bettwäsche kaufen. Sagt der Verkäufer: »Da sind Sie bei mir falsch. Bei uns gibt's keine Handschuhe. Keine Bettwäsche gibt's im dritten Stock.«

Frankfurter Studenten hatten einen lichten Moment, als sie vielleicht vor zehn Jahren ein Transparent mit der Aufschrift »Reiche Eltern für alle!« durch die Universität trugen. Ein Großteil der heute geführten Diskussionen hat mit den unbegriffenen Effekten der universalistischen Logik zu tun. Sobald man radikale Gleichheitsforderungen verwirklicht sehen möchte, also sobald Sätze, die im Modus der Chance formuliert sind, in den Modus des Rechtsanspruchs überführt werden, entstehen Paradoxien, aus denen unsere ideologischen Leitsysteme nicht herausfinden.

Das frühe Christentum und die Weisheitslehren des Stoizismus kannten einen Ausweg: Ihre universalistisch grundierten Heilsangebote wurden von vornherein in der Gewißheit vermittelt, daß nur einer von zehn oder zwei von hundert sie innerlich annehmen werden. Alle anderen bleiben lenkbare Schafe in der Herde des Universalismus. Wirklich universal dachte nur die Elite der Nicht-Elitären.

Erinnern Sie sich an den Pfarrer, der auf die Frage, wie es möglich sei, daß so ein großer Gemeindesprengel eine so kleine Kirche habe, antwortete: »Wenn sie nicht alle reingehen, gehen sie alle rein. Aber wenn alle reingehen, gehen sie nicht alle rein.« Was heißt: In jedem Universalcode ist eine Ausschließungsregel enthalten, die vom Alltagsverstand stumm akzeptiert wird. Konsequent praktizierter Egalitarismus geht in Pöbelei über oder, wie bei den Roten Khmer, in Terror. Heute sieht man, wie die Wachsamkeitsaktivisten gegen Benutzer problematischer Vokabulare vorgehen. Sag beiläufig »*negro*«, und du hast mehr Verneiner am Hals als ein Reisender Mücken in einer finnischen Sommernacht.

Unsere Gleichheitskultur erzeugt wachsende Spannungen auch im Alltäglichen; doch wo Aktion ist, kann Reaktion nicht fehlen. Ich glaube zum Beispiel nicht, daß es in Deutschland heute gelänge, Schuluniformen einzuführen – wenngleich einiges für sie spräche. Die Schule soll ja als Schule der Egalität fungieren. Es ist ihr Auftrag, die ihr Anvertrauten mit Gleichheitsgedanken und

-gefühlen zu versorgen. Die Individualisierung ist aber schon viel zu weit fortgeschritten. In den Mädchenklassen ab vierzehn fällt in manchen Vierteln jeder Schulbesuch mit einem Kosmetik- und Bekleidungswettbewerb in eins.

MALTZAN/NEHRER *Bleiben von den demokratischen Beschwörungen – Kompromiß, Verständigung, Wählen – mehr als Leerformeln, wenn wir doch weder willens noch fähig sind, einander zu überzeugen?*

SLOTERDIJK Den Wunsch, zu überzeugen, zu überreden und Resonanz, sprich Gleichschwingung, hervorzurufen, halte ich nicht nur für legitim, sondern in humaner und politischer Sicht für grundlegend. Er ist es, der so etwas wie soziales Leben ermöglicht. Mit ihm beginnen die Lehrjahre der Naivität. Man weiß, sie ist verloren. Aber es ist auch bezeugt, daß sie sich auf einer höheren Ebene wiederfinden läßt. Sobald aus Überzeugung gesprochen wird, erlangt das, was man Kommunikation nennt, einen Hauch von Ernsthaftigkeit und belastbarer Kontinuität. Wenn ich von vornherein von meinen Mitteilungen abrücke, weil ich die Ablehnung durch den anderen oder meine eigenen zweiten Gedanken schon mitdenke, ist das Gespräch *a priori* kastriert.

Was mich in bezug auf die Kulturtheorie wundert, ist, daß sie so viel über Ironie und so wenig über Heuchelei gesprochen hat. Ich möchte die Vermutung wagen, daß Gesellschaften, in denen mehr als fünfzig Prozent aller Äußerungen auf der Basis von Heuchelei gesprochen werden, mittelfristig zum Untergang verurteilt sind. Die Sowjetunion ging unter, als neunzig Prozent geheuchelt war. Für die heutigen Großmächte ist das nicht irrelevant: In den USA dürfte die Heucheleiquote bei über achtzig Prozent liegen, in China bei neunzig Prozent und mehr. Daher versteht man, warum die Chinesen mit ihrem neuartigen Überwachungssystem daran arbeiten, den Staat auch bei Heuchelquoten über neunzig Prozent zu stabilisieren. Dann wird evident, warum schon Einzelpersonen, die widersprechen, als Systemgefährder verfolgt werden.

MALTZAN/NEHRER *Ist, wo nicht geheuchelt wird, Zusammenleben möglich?*

SLOTERDIJK Vermutlich nicht. Ich bekenne mich zum Heucheln als zivilisatorischer Tugend. Ich würde beispielsweise in Gegenwart von Muslimen nie die These äußern, der Islam sei eine primitive Variante des spätantiken Christentums, die am Verständnis der Trinität gescheitert war. Schlimm genug, daß ich so etwas denke und daß es *cum grano salis* der Wahrheit nahekommt.

Überhaupt: Wäre es nach mir gegangen, wäre der Welt die Trinitätstheologie erspart geblieben. Sie stellt eine unüberbietbare spekulative Medientheorie dar. Wer sich auf sie einläßt, entdeckt die christlich eingekleidete Algebra eines Seins, das sich mitteilt. An ihr müßte sich messen, wer über ein Erstes, ein Zweites und ein Mittleres reden möchte.

MALTZAN/NEHRER *Auch Sie lassen also bei der Blasphe-mie Vorsicht walten?*

SLOTERDIJK Unbedingt. Ich bin deswegen mit der Mehr-heit der Franzosen im allgemeinen und ihrem Präsiden-ten Macron, den ich sonst fast immer verteidige, nicht einverstanden, wenn ich an die ziemlich reflexhaften Re-aktionen auf die Ermordung des Lehrers aus der kleinen Stadt nahe Paris denke. Die Franzosen möchten stolz darauf sein, daß die Blasphemie bei ihnen als ein Kava-liersdelikt gilt oder beinahe ein Menschenrecht darstellt. Sie vergessen dabei etwas Wesentliches: Sie laborieren immer noch an dem von Ludwig XIV. angerichteten Un-heil, als er 1685 das von Henri Quatre 1598 für den Prote-stantismus erlassene Toleranzedikt von Nantes aufhob. Damit wurde der Katholizismus zu einer politischen Pla-ge; er machte sich als Seelenpolizei verhaßt und als Heu-chelmaschine lächerlich.

Die unausbleiblichen Reaktionen dagegen wirken noch zweihundert Jahre später in der liberalen Polemik nach, obwohl die Katholiken seit über hundert Jahren dort als politische Größe annulliert sind. Das letzte katholi-sche Ereignis auf französischem Boden war die Weihe der Kirche Sacré-Cœur im Oktober 1919, die Paris auf der Butte von Montmartre überragt. Die Zahl der Politi-ker, die daran teilnahmen, lag genau bei null. Daß die Künstler während des Kirchenbaus, der eine Gentrifizie-rung der Gegend nach sich zog, von dort in Richtung Montparnasse abwanderten, spricht für sich.

Im übrigen besteht auch hierzulande, in unserer überwiegend post-protestantischen Situation, eine moderate Bereitschaft, religiöse Parodien komisch zu finden. Man entsinnt sich des Gedichts von Robert Gernhardt: »Lieber Gott, nimm es hin, / daß ich was Besond'res bin. / Und gib ruhig einmal zu, / daß ich klüger bin als du. / Preise künftig meinen Namen, / denn sonst setzt es etwas. Amen.« Wenn man Humor als Minimalblasphemie praktiziert, ist für die Zivilisierung der Gefühle eine Menge geleistet.

MALTZAN/NEHRER *Und der Islam versteht da keinen Spaß?*

SLOTERDIJK Bei den Muslimen diente eine Spaßfigur wie der Mullah Nasreddin als Brückenkopf für Humorentwicklung. Ansonsten muß man wohl zugeben, daß bei den meisten, die sich mit dem Koran beschäftigen, seit langem ein Abstoßungseffekt einsetzt, über den so gut wie nirgendwo offen gesprochen wird. Goethes erstes Epitheton zum Koran – man findet es in seinen Noten zum *West-Östlichen Divan* – sagt noch immer genug: Er sei, »sooft wir auch darangehen, immer von neuem angewidert«, wenn er auch durch seine Strenge »Verehrung« abnötigte. Goethes Angewidertsein kann als quasi universal gültige Botschaft bestätigt werden. Eine heilige Schrift, die ständig Drohungen gegen alle ausstößt, die ihr nicht zustimmen, ist auf die Erzeugung von Aversionen angelegt. Es gibt keinen anderen religiösen Grundtext, der so viel Aufmerksamkeit für die Nicht-Zustimmenden verwendet.

Goethe hatte sich in der Zeit der Napoleonischen Kriege bemüht, die orientalischen Sprachen zu studieren und persische Versformen für das Deutsche zu erschließen. Wenn man eine Definition für das Wort »Eskapismus« sucht, hier ist sie! Goethe baute seine orientalische Bibliothek auf, während Napoleons Armeen marschierten. Als Moskau brannte, versuchte er sich an neuen Strophenformen, dazu erfand er das nötige Arsenal aus Figuren mit östlichem Migrationshintergrund: Hafis, Suleika, die Parsen. Bis 1815 war der Meister aus Weimar von der europäischen Politik abgemeldet. »Ich bin dann mal weg«, verkündete vor einigen Jahren ein deutscher Kommunikator. Das ist nichts gegen Goethes Verschwinden.

MALTZAN/NEHRER *Wird Europa seine post-imperiale Zurückhaltung eines Tages zum Verhängnis?*

SLOTERDIJK Verhängnisvoll wäre eine neo-imperiale Aufstellung. Europas Situation läßt sich mit der Position Venedigs vergleichen, nachdem kurz vor der Wende zum 16. Jahrhundert der Seeweg nach Indien entdeckt worden war. Venedig hatte zuvor das Handelsmonopol mit dem Osten inne, weil es am Ende der Seidenstraße lag und für den Import von Gewürzen, Stoffen und anderen orientalischen Luxusgütern nur für die letzte Strecke auf Seefahrt angewiesen blieb. Als die portugiesische und spanische Schiffahrt Afrika umrundet hatte, war das venezianische Monopol gebrochen. Es begann eine Periode, die bis heute dauert: fünfhundert Jahre glänzende Dekadenz.

Man kann Europa als großvenezianisches Experiment betrachten. Ins Zentrum der Welt werden wir nicht mehr rücken. Da aber sehr viele gute Dinge hier erfunden wurden, behalten wir eine Kompetenz für sie – so wie die Venezianer noch auf lange Zeit die besten Glasbläser stellten. Auch wir werden in fünfhundert Jahren noch energisch da sein, trotz notorischer Unwilligkeit, sich in den wichtigsten Fragen zu einigen. Wir werden Selbstkritik exportieren. Die öffnet aller Welt Zugang zum Eigensinn. Was man heute »Nationen« nennt, sind ja fürs erste nichts anderes als in sich mehrdeutige Eigensinngemeinschaften – ursprünglich waren das ambitionierte Volksgruppen, die behaupteten, politische »Subjekte« zu sein. Von ihnen wird man im 21. Jahrhundert mehr hören, als traditionelle Ethnologen dachten.

Irgendwann werden wir auch wieder von denen geliebt werden, die heute in fließendem Europäisch gegen die Konsequenzen der europäischen Imperialismen plädieren.

MALTZAN/NEHRER *Was also bringt die europäische Zukunft?*

SLOTERDIJK Die bescheidene Sicht auf sich selbst scheint mir sinnvoller als ein neo-imperialer Auftritt, zumal alles Imperiale gehaßt wird. Den Imperialisten erscheint das große Herauskommen als eine Form von Grandiosität, doch alle anderen verabscheuen jede Form imperialer Prätention und Expansion.

Momentan beobachten wir weltweit fünf, sechs Anläufe zu Reichsbildungen: Die amerikanische ist weiterhin die primäre. Sie tritt nach Trumps quasi-isolationistischer Episode auf der Stelle, wird aber zweifellos wiederaufleben. Mit fast eintausend Militärbasen in aller Welt können die Vereinigten Staaten nicht so tun, als hätten sie keine imperialen Interessen. Ihre Rhetorik von benigner Hegemonie hat sich weitgehend selbst entlarvt – man sollte immerhin wohlwollend prüfen, ob nicht ein Element von Richtigkeit darin enthalten war. Auch im Iran ist der neo-imperiale Aufschwung unverkennbar, ebenso in der Türkei. In Rußland rumort er ohnedies als Triebmotiv in Putins kranker Welt. Auch in Nordafrika und Saudi-Arabien machen sich quasi-imperiale Regungen bemerkbar. Die klassische Regel, daß innere Spannungen in imperiales Auftreten nach außen umgewandelt werden, gilt für all diese Komplexe.

Über alledem hängt natürlich das chinesische Rätsel: Wieviel Imperialismus wird sich mit Xi Jinpings krypto-neo-maoistischer Initiative verbinden? Das Projekt »Neue Seidenstraße« ist schließlich nicht humanistisch, sondern welteinflußpolitisch motiviert. Und dahinter verbirgt sich die systemische Paradoxie einer marxistisch codierten Parteidiktatur in einem Land, das alle Extreme umklammern zu können behauptet.

MALTZAN/NEHRER *Kann sich Europa wirklich auf seine kleine heile Welt zurückziehen? Wäre nicht aktives Engagement das Gebot der Stunde, um sie zu bewahren?*

SLOTERDIJK Es gilt die Klugheitsregel für unruhige Zeiten: Bewahrung läßt sich nur durch Modernisierung verwirklichen. Die echten Konservativen sind progressiv, weil sie etwas haben, wovon sie überzeugt sind, es verdiene Bewahrung. Leerer Progressismus führt zu nichts. Nur wer etwas hat, wofür er die Hand ins Feuer legt, treibt Bewahrungspolitik authentisch.

MALTZAN/NEHRER *Damit alles bleibt, wie es ist, muß sich alles ändern.*

SLOTERDIJK Vorsicht! Das war eine zynische Devise der herrschenden Klassen vor dem Ersten Weltkrieg. Damit wurde in Frankreich das Sprichwort *»plus ça change, plus c'est la même chose«* populär.

Man versteht nichts von der Weltform der Moderne, wenn man nicht darauf achtet, daß sie, spätestens vom 17. Jahrhundert an, ein unüberwachtes Großexperiment über das Recht auf Erfindung ohne Grenzen darstellt, ausgehend von der europäischen Kunst und mehr noch vom europäischen Ingenieurswesen. Den Stand der Dinge kann man indirekt daran ablesen, daß im Jahr 2018 weltweit mehr als drei Millionen Patente angemeldet wurden, fast die Hälfte davon durch chinesische Unternehmen. Hätten wir ein Organ dafür, wie die Erfindungen am Bestehenden rütteln, müßten wir ein permanentes Erdbeben spüren. Die Innovationsdynamik an der Erfinder- und Forschungsfront bei neuen Technologien und Energiesystemen ist so hoch, daß wir uns darauf vorbereiten müssen, die bisher vertraute Welt in ihren

Codes und Zeichen nach jeweils zwanzig Jahren nicht mehr wiederzuerkennen. Erhalten bleibt nur die Wiedererkennbarkeit von Landschaften, Stadtsilhouetten und anderen langlebigen Objekten.

Nicht ohne Grund erstarkte das Rousseausche »Zurück zur Natur« in der Zeit, als die Industrielle Revolution die stadtnahen Landschaften aufbrach. Seit dem Beginn der Corona-Krise verspüren wohlhabende Franzosen mehr denn je den Impuls, aus Paris rauszukommen. Doch nicht nur sie: Alle Welt sucht Alternativen zur Raserei der Innovation. Das hat damit zu tun, daß das ländliche Grün und das Dörfliche, Kleinstädtische (mitsamt seinem Zurück zur Innenstadt!) gegenüber der Großstadt ein Reservat an zuverlässigen Trägheiten bildet.

MALTZAN/NEHRER *Zu welchen Menschen erziehen uns unsere institutionellen Bildungssysteme – unsere Schulen und Universitäten?*

SLOTERDIJK Da öffnen Sie in letzter Minute die Büchse der Pandora, wobei diesem Behälter, in klassischer Lesart, ja zuletzt noch *elpis*, die Hoffnung, entwichen sein soll, die den Griechen als das größte Übel galt, weil sie die Menschen mit selbstgemachten Trugbildern in die Irre leite.

Aber ohne Hoffnung läßt sich auch von Pädagogik nicht reden, denn Erziehung ist ein Langzeit- und *eo ipso* ein Hoffnungsprojekt. An einem jungen Menschen arbeiten wir heute oft bis zu seinem 27. Lebensjahr und länger mit pädagogischen Mitteln, von der Muttermilch bis zum Ausbildungsförderungsgesetz plus Frauenhabilitationsförderungsprogramm. Dabei versucht man ständig, ihn und sie für etwas zu qualifizieren, wovon wir gar nicht wissen, ob es letztlich auch wirklich gebraucht wird. Ich unterlasse hier eine Digression zu dem seit einer Weile geläufigen Begriff »Anschlußfähigkeit«.

Der pädagogische Bogen war seit antiken Tagen sehr gespannt und an seinem oberen Ende nie genau fixiert. Das Verhältnis der Grundqualifikationen zu den Endqualifikationen lag früher alles in allem in einem etwas günstigeren Bereich. Das deutsche Gymnasium um 1900 beruhte auf vier oder fünf Disziplinen, die allesamt der mentalen Formalausbildung dienten: die grammatisch-semantisch-moralischen Fächer Latein und Griechisch; für die abstrakt-operativen Funktionen der Intelligenz kamen Mathematik und Musik hinzu; für das rhetorische Vermögen Deutsch als imaginäres Hauptfach. Der alteuropäische Mensch ist ja wesentlich Redner, sofern er erst durch Sprachkultur, durch Lese-, Schreib- und Ausdruckskompetenzen gesellschafts-, berufs- und theoriefähig wurde.

Damals ging jeder zweite Nobelpreis an einen Wissenschaftler, der ein Zögling des deutschen Gymnasiums war. Kaum einer von ihnen lernte im Unterricht auch nur die Anfänge dessen, womit sie sich später auszeichneten. Sie müssen sich in Grammatik, Musik und Mathematik eine Art Metaqualifikation erworben haben, die es ihnen gestattete, jedes andere Fach mit Leichtigkeit zu erlernen. Ein schlechter Schüler gewesen zu sein, gehört zum Mythos Albert Einsteins – wobei das wahrscheinlich bloß Ausdruck seiner Überbegabung und eines verborgenen Hochmuts war. Vermutlich zeigt sich da ein nicht ausreichend untersuchter Anteil unserer Schultragödie: die Unlust, sich von Lehrern langweilen zu lassen.

Ein Teil Ihrer Frage ließe sich in diese Richtung beantworten: Die aktuelle Schule langweilt ihre Schüler nicht in fruchtbarer Weise. Die Schüler bleiben meistens davon überzeugt, daß sie all das sowieso nie brauchen werden. Es müßte wenigstens kompensatorisch Spaß machen, aber auch das tut es nicht.

Wenn ich als Junge am Morgen vor der Schule mürrisch war, pflegte meine Mutter beim Frühstück das Motto von Goethes *Dichtung und Wahrheit* zu zitieren: »Der nicht geschundene Mensch wird nicht erzogen«, oder auf griechisch, das ihr witzigerweise noch geläufig war: »Ho mē dareis anthrōpos ou paideuetai«. Früher oder später begreift man die Botschaft: Schule ist letzten Endes etwas verdammt Ernstes. Irgendwann kommt der Knackpunkt in der Bildungsgeschichte: wenn man spürt, daß es mit dem Lernen in eigener Sache wirklich um etwas geht. Die Kristallisation passiert, wenn man sein Fach, sein Instrument, sein Thema findet oder die Vorahnung davon.

Kein späterer deutscher Physik- oder Chemie-Nobelpreisträger von damals kann je an den Preis gedacht haben, als er sich in der Oberprima mit seinem Sitznachbarn die Langeweile vertrieb. Dennoch muß damals etwas richtig gemacht worden sein, als diese erstaunlichen Fähigkeitstransfers zustande kamen.

Heute gewinnt man den Eindruck, solche Effekte ereigneten sich seltener. Die Abiturienten gehen, soweit man sieht, immer hilfloser aus der Schule hervor. An meiner Kunsthochschule in Karlsruhe hatten wir das Privileg, Aufnahmeprüfungen durchzuführen, an denen ich gut zwanzig Jahre lang anfangs häufig, später sporadisch teilgenommen habe. In den Jahren ließ sich beobachten, welch ein Rückgang der Lesefähigkeit an unseren Gymnasien stattfand. Wenn Lesen als Symptom der formalen Intelligenz gelten darf, dann gute Nacht dem Westen.

MALTZAN/NEHRER *Hält das Leben, was es verspricht?*

SLOTERDIJK Nun ja, das Leben läßt sich Versprechen in den Mund legen. Nietzsche schrieb: »Was *uns* das Leben verspricht, das wollen *wir* – dem Leben halten!«

Wie alle klugen Sätze enthält auch dieser einen Hinweis auf den Subjektwechsel, sprich eine Umdeutung der Passivität in Inspiration. Der passive Anteil am eigenen Leben ist dann nur noch so groß wie der Anteil der Ausreden, die man gelten läßt. Ideal wäre ein Leben, in dem Leiden so weit in Handlungen umgewandelt würden, bis ein Leben ohne Ausreden da ist.

Man kann nicht in der Revolte leben*

Im Gespräch mit Lothar Schröder

SCHRÖDER *Herr Sloterdijk, ist der Sturm auf den US-Kongreß eine Zäsur für westliche Demokratien?*

SLOTERDIJK Eine Zäsur ist es mit Sicherheit nicht. Es ist ein Ereignis, das den Sprung vom Fantastischen ins Berechnete vollzog. Daß es in den USA sehr Washington-feindliche Regungen gibt und aus den einzelnen Staaten Impulse kommen, die die föderale Struktur in Frage stellen, wußte man seit langem. Die politischen Realitäten der USA sind mehr in den Staaten zu Hause als in der Hauptstadt.

SCHRÖDER *Und darin unterscheidet es sich vom föderalen System der Bundesrepublik?*

SLOTERDIJK Die Staaten Amerikas sind vor der Nation dagewesen, die meisten wurden ja erst nach und nach in die amerikanische Nation inkludiert. Je weiter diese Staaten im Westen und Süden liegen, desto stärker wird dort das Unabhängigkeitsbedürfnis empfunden. Aus der Sicht des Psychohistorikers ist es alles andere als eine Zufallstatsache, daß die zutiefst anti-politische Trump-

---

* Dieses Gespräch zwischen Peter Sloterdijk und Lothar Schröder erschien unter dem Titel »Man kann nicht in der Revolte leben« in der *Rheinischen Post* (11. Januar 2021).

143

Bewegung in Florida ihre Hochburg hat. Das ist tiefster Süden, da sind die inneren Plantagen noch in Betrieb, sind die Anschlüsse ans puritanische Amerika des Nordens noch immer nicht vollzogen.

SCHRÖDER *Hat Sie das, was vor und im Kapitol geschah, dennoch überrascht?*

SLOTERDIJK Das Gegenteil hätte mich überrascht: Wenn Trump ohne putschistische Gesten aus dem Amt gegangen wäre! Was an dem Vorgang auffällt, ist, daß die lokalen Autoritäten die Angreifer nicht als ernst zu nehmende Revolutionäre oder Rebellen eingestuft haben, andernfalls hätten sie das Feuer eröffnet. Man hielt das Ganze offenbar für eine große Clownerie. Die Aktivisten haben von einer Begnadigung durch Nicht-Ernstnehmen profitiert. Das ist die Pointe: Wären es linke oder schwarze Angreifer gewesen, würde man heute über die Toten und Verwundeten debattieren.

SCHRÖDER *Ist das, was passierte, ein Lernprozeß, daß auch in westlichen Ländern die Demokratie nicht mehr als die einzige Form unseres Zusammenlebens angesehen wird? Gibt es plausible Alternativen?*

SLOTERDIJK Andere Formen sind für uns nicht realistisch erreichbar. Eine andere Welt ist möglich, gewiß, aber vorerst nur als schlechtere. Man kann nicht in der permanenten Revolte leben! Institutionen setzen langfristig belastbare Strukturen voraus, und solche können von einem unruhigen Mob nicht gestiftet werden. Insofern wird das Wort »Alternative« zumeist völlig falsch verwendet, was im übrigen auch für die deutsche Partei gilt, die das Wort Alternative im Namen führt. Die Partei hat den Charakter einer Bewegung, sie parasitiert die vorhandenen Institutionen, sie kann bei der Schöpfung brauchbarer Institutionen keine Rolle spielen.

SCHRÖDER   *Wie kann man künftig generell mit dem Irrationalen umgehen? Bleibt da nur noch die Abgrenzung oder das Ignorieren?*

SLOTERDIJK   Ich würde nicht vom Ignorieren sprechen. Man muß Ventilfunktionen einrichten; in jeder Gesellschaft sind bestimmte Ventilsysteme wichtig, um irrationalen Überdruck ablassen zu können. Früher geschah das in religiös motivierten Festen oder im Karneval. Man konnte einen Teil der irrationalen Dimension von Politik in religiöse Codierungen bannen.

SCHRÖDER   *Gehört dazu auch der Versuch der Menschen, Gott in einer Form sichtbar zu machen und zum Sprechen zu bringen, wie Sie es in Ihrem neuen Buch,* Den Himmel zum Sprechen bringen, *formulieren?*

SLOTERDIJK   Auf jeden Fall. Das Irrationale will ja greifbare Symbole schaffen, in denen es sich manifestiert. So gesehen kann man die Menschheitsgeschichte als eine riesenhafte Summe von Versuchen interpretieren, Ungesagtes in Gesagtes umzuwandeln und Unsichtbarem wahrnehmbare Erscheinungen anzudichten. Die poetische Dimension impliziert die Freiheit, die Frage nach der Existenz des Jenseitigen beiseite lassen zu dürfen. Die Realitätsthese wird von der Poesie absorbiert. Solange gebetet wird, existiert das, was angebetet wird. Und solange Kulte gefeiert werden, sind die Teilnehmer des Kults im Spiel – am oberen Pol als Götter und am unteren als Gläubige.

SCHRÖDER *Hat in diesem Sinne Jesus eine Art Textvorlage für das dichterische Werk der Evangelisten geliefert?*

SLOTERDIJK Mehr noch. Er hat ein Trainingsprogramm für Menschen bereitgestellt, die glauben möchten, er habe ein nachahmungswürdiges Leben geführt. Die Idee der *imitatio Christi* beruht auf sehr anspruchsvollen Grundentscheidungen: Man sieht einen jungen Mann, der mit circa 34 Jahren aus dem Leben schied, als Herrn, Meister und Vorbild an. Götter sind Trainer, mit denen eine Gruppe von Followern arbeitet, um ihr Leben rituell in Form zu bringen, und die Welt ist voll von solchen Trainingsgruppen.

SCHRÖDER *Wer gläubig ist, steht unter Beobachtung, schreiben Sie …*

SLOTERDIJK … unbedingt. Man trainiert immer unter den Augen des Trainers. Es macht freilich einen Unterschied, ob ich mit Wotan trainiere, mit Buddha oder mit Christus. Aus den Lehren der Meister ergeben sich

ganz verschiedene Trainingsprogramme und Konzepte
der Beobachtung. Entsprechend unterschiedlich fallen
die Bildungsgeschichten der Auszubildenden aus.

SCHRÖDER *Wobei der »Trainer« des Christentums eine
väterliche Erscheinung ist. Man darf ihn sogar duzen –
wie im »Vaterunser«.*

SLOTERDIJK Es ist bemerkenswert, daß das Christentum es fertiggebracht hat, den Gott so zu konzipieren,
daß er intim wird und auch das Kleinkind im Menschen
anzusprechen versteht – und auf der anderen Seite hoch
majestätisch sein kann und zur kosmischen Kompetenz
aufsteigt, dem Prädikat »Schöpfer« gemäß. Diese Spann-
weite zwischen Intimität und Majestät gehört zu den besonderen Leistungen des christlichen Gottesbilds.

SCHRÖDER *Wen sprechen Trainingsprogramme mit der
Aussicht auf letztgültige Schlußfolgerungen an?*

SLOTERDIJK Vermutlich die eher haltsuchenden Ge-
müter oder die Menschen in prä-individualistischen Ge-
sellschaftsformen, die zu Bekenntniskulten tendieren.

SCHRÖDER *Wie manche Bevölkerungsgruppen in den
USA?*

SLOTERDIJK Solche Kulte blühen mehr denn je in den
nordamerikanischen Unterschichten und lateinamerika-
nischen Armutskulturen. Bei ihnen stellen die Bekennt-

nisse so etwas wie metaphysische Lebensversicherungen dar. Gut versicherten Menschen in Westeuropa sind solche religiösen Ausdrucksformen fremd geworden.

SCHRÖDER *Hatte Trump die Verunsicherten im Blick, als er sich mit einer Bibel in der Hand fotografieren ließ?*

SLOTERDIJK Ganz sicher. Trump ist ein perfekter Zyniker, der sich darauf versteht, jedes Symbol im Sinne seiner egomanischen Präsentation zu instrumentalisieren. Warum nicht auch eine Bibel? Ganz abgesehen davon, daß sich die Evangelikalen im Weißen Haus seit den Tagen des seligen Billy Graham die Türklinke in die Hand geben.

Warum treten zunehmend Leute aus der Wirklichkeit aus?

Im Gespräch mit Peter Unfried und Harald Welzer*

UNFRIED/WELZER *Lieber Herr Professor Sloterdijk, wir haben hier einen Brief von enttäuschten Lesern, die sich abwenden von dem, was wir als Vernunft verstehen und zu den Corona-Protesten konvertieren. Wenn man das liest, denkt man, sie konvertieren von sich selbst zu etwas anderem. Uns interessiert, wie es im einzelnen funktioniert, daß angesichts einer krisenhaften Entwicklung Leute so wegkippen oder die Seite wechseln. Dem Sozialpsychologen fällt nichts dazu ein. Deshalb fragen wir den Philosophen.*

SLOTERDIJK Der Philosoph als solcher, fürchte ich, ist auch nicht imstande, sinnvoll zu antworten. Höchstens dürfte ich aus meiner eigenen Biografie schöpfen und mich daran erinnern, daß es in meiner Geschichte eine Periode gab, in der ich prekäre Erfahrungen gemacht habe, die ich nicht missen möchte, aber auch nicht festhalten konnte: das Glück, einer Sekte anzugehören, die im Besitz einer alternativen Wahrheit zu sein glaubte.

---

* Dieses Gespräch zwischen Peter Sloterdijk, Peter Unfried und Harald Welzer erschien unter dem Titel »Warum treten zunehmend Leute aus der Wirklichkeit aus, Peter Sloterdijk?« in der *tazFUTURZWEI* (8. März 2021).

UNFRIED/WELZER *Sie lebten um 1980 in dem Meditationszentrum des Bhagwan Shree Rajneesh im indischen Pune. Was suchten Sie?*

SLOTERDIJK Damals gab es eine Phase, als bei uns die marxistisch codierten Rechthabe-Gefühle gegenüber dem Lauf der Welt am Verblassen waren, aber die Bereitschaft für eine alternative Wahrheit immer noch aktuell blieb, ob sie aus Indien kam oder von einem anderen Ende der Welt. Diese Neigung zu einer Konversion gegen das Gewöhnliche, so scheint mir, liegt auch heute wieder in der Luft. Jetzt wie damals wollen viele nicht glauben, daß die Vernunft bei der Mehrheit ist.

UNFRIED/WELZER *Muß sie das denn?*

SLOTERDIJK Nun ja. Läßt man sich auf die Annahme ein, daß Wahrheit auf die Dauer etwas mit Zustimmungswürdigkeit zu tun hat, so sollte es nicht falsch sein, wenn Wahrheit sich um Mehrheit bemüht.

UNFRIED/WELZER *Sind Sie damals auch aus der gesellschaftlichen Realität der späten siebziger Jahre in eine alternative Wirklichkeit gewechselt?*

SLOTERDIJK Nachdem das Wort »alternativ« so vergiftet ist, würde ich es anders ausdrücken. Die Fluchttendenz der späteren siebziger Jahre wies ja seltsamerweise in die Hauptrichtung der sozialen Entwicklung, sprich: Vermehrung der Freiheitsgrade, sexuelle Emanzipation,

erhöhte Aufmerksamkeit für weibliche Werte. Was scheinbar als Orientalismus begonnen hatte, sollte sich als Vor-
schule zum kosmopolitischen Empfinden erweisen. Dreißig Jahre später wurde vom Mainstream eingeholt, was
anfangs ins Abseits oder auf den Weg nach innen geführt
hatte. Insofern hatten wir Poona-Reisenden Glück: Wären wir nicht vom Hauptfeld geschluckt worden, hätte
sich die sektiererische Abspaltung vertieft. Das gilt vermutlich für die Vorhut meiner Generation insgesamt: Die
68er-Bewegung hatte die Form einer Sekte, die ironischerweise in den Mainstream mündete.

UNFRIED/WELZER *Was ist denn damals mit Ihnen passiert?*

SLOTERDIJK Mein Wechsel in die andere Wirklichkeit
hatte damit zu tun, daß damals ein »alternatives« Wahr-
heitsverständnis aufgekommen war, vor allem dadurch,
daß bei uns eine emotionale Komponente in die diskur-
siven Wirklichkeitsauffassungen eindrang. Die Sekte diente damals als ein Medium der emotionalen Vervollständigung. Pathetisch gesagt: Wir haben die abgespaltene
Emotionalität zurückerobert. Mit bloß akademischen Mitteln, aber auch mit den Mitteln der traditionellen Psychoanalyse, hätten wir sie nicht wiedergewinnen können. In den Siebzigern herrschte in der Subkultur eine
gruppentherapeutische Euphorie. Die gipfelte in der Überzeugung, daß die Wahrheit im Gefühlsausbruch liegt und
daß zur Authentizität eine gewisse Heftigkeit gehört.

UNFRIED/WELZER *Das endete aber nicht zwangsläufig im Irrsinn.*

SLOTERDIJK Sicher nicht. Doch warum? Weil wir damals in den inneren Grenzgängen den Unterschied zwischen Katharsis und Ausagieren kennenlernten. Wutausbrüche und Tränen sind manchmal Vorstufen zur Unterlassung von Verbrechen. Dadurch, daß die sektiererische Therapie- und Meditationsszene von damals eine Bewegung der menschlichen Vervollständigung war, mußte sie eben nicht zur Abspaltung von der Gesamtgesellschaft führen. Diese Avantgarde-Idee, die damals mit einem gewissen Sektarismus verknüpft war, bedeutete ein Privileg, das Menschen in den siebziger, achtziger Jahren wahrnehmen konnten. Ich zähle mich zu den Begünstigten. Heute sehe ich hingegen mit Unruhe, daß auch viele Leute, die nicht zu denen mit den primitivsten Reflexen gehören, aus dem Gesprächszusammenhang der größeren Gesellschaft herausspringen, um ihre Wahrheiten nur noch subkulturell zu definieren. Diese Sezessionen zeigen eine riskante Dynamik auf. Man weiß nicht, ob diese Leute jemals zurückkommen.

UNFRIED/WELZER *Versuchen Sie doch bitte eine Annäherung, was da genau passiert.*

SLOTERDIJK Ich weiß nicht, wie die Matrix zu beschreiben wäre, aus der sich die sektiererischen Konversionen unserer Tage erklären ließen. Das allgemeine Schema von Krisenstreß und Durchbruchsphantasie dürfte auch auf sie anwendbar sein. Hermann Broch hatte von den späten dreißiger Jahren des vorigen Jahrhunderts an seine *Massenwahntheorie* formuliert, die ich in den achtziger Jahren studierte. Broch wußte, wovon er redete, er hatte die aufgepeitschten Massen der NS-Zeit vor Augen, doch seine Faschismustheorie ist aktuell geblieben. Seiner Auffassung nach sind moderne Gesellschaften großformatige Ensembles in chronischer präpanischer Erregung, die unter dem Eindruck von Krisenstreß mehr oder weniger plötzlich in akute Panikzustände versetzt werden können. Demnach wäre Panik der Stoff, aus dem die irrationalen Masseneffekte sind. Kollektivpaniken manifestieren sich in Massenflucht durch enge Ausgänge oder in der Zuflucht zu einem Retter. Der trägt das Mandat, das Volk wieder groß zu machen. Er hat ein Gefühl dafür, wie es zur nächsten Katastrophe geht.

UNFRIED/WELZER *Werden die Leute, die jetzt abspringen, irgendwann wieder zur rationalen Betrachtung der Lage zurückfinden?*

SLOTERDIJK Wenn ich Brochs Schema auf die aktuellen Verhältnisse in den USA anwende, sehe ich ein Segment der Population, das auf der Schwelle vom präpanischen zum panischen Zustand schwankt. Nachdem die panische Vorhut, die das Kapitol stürmte, zurückgeschlagen wurde, ist zu vermuten, daß zahlreiche Unterstützer sich zu milderen Formen von Sektarismus rekonvertieren werden. Auch fanatische Trumpianer werden wahrscheinlich nicht in der Dauerverrücktheit stehenbleiben. In

Amerika sind die verschiedenen Formen des Irrationalismus sehr durchlässig und können leichter in weniger heftige Ausprägungen übergehen. Man weiß zum Beispiel, nicht alle, die sich bei Ron Hubbard und seiner *science fiction* verhakt hatten, sind dabeigeblieben, obwohl man ihnen den Ausstieg schwermachte. Wer abfällt, kann sich in mildere Formen des evangelikalen Separatismus einordnen.

UNFRIED/WELZER *Die Frage ist doch, ob ein der Realität angemessenes wirtschafts- und klimapolitisches Rahmenprojekt überhaupt Konsens werden kann? Vielleicht sind die Lösungen für die aktuellen Probleme zu komplex, um populär zu werden – weswegen Radikalisierung und Irrsinn zunehmen.*

SLOTERDIJK Radikalisierung geschieht besonders in dem Augenblick, wo jemand sich selber zum Medium des Zeitgeistes proklamiert, sagen wir etwa im »Modus Greta«. Radikalisierung liegt immer in der Luft, wenn Menschen die Flucht »aus der Angst in die Ekstase« vollziehen, um den Titel der bekannten klinischen Studie von Pierre Janet aus den zwanziger Jahren zu erwähnen.

UNFRIED/WELZER *De l'angoisse à l'extase.*

SLOTERDIJK Konversionen sind für die kommenden Jahre und Jahrzehnte massenhaft zu erwarten; es ist sehr wahrscheinlich, daß immer mehr Menschen aus der Angst in die Ekstase aufbrechen beziehungsweise aus der Ratlosigkeit in die Mission. Menschen als sinnsuchende Wesen sind leicht dazu zu bewegen, sich als Träger einer Mission zu verstehen, sobald sie spüren, wie der Appell eines Großproblems durch ihr eigenes Leben hindurchläuft.

UNFRIED/WELZER *Wobei Greta Thunberg eine Zuwendung zu rationaler Politik repräsentiert und gerade nicht eine Abwendung.*

SLOTERDIJK Sie wechselt aus der pubertären Ohnmacht in eine Ergriffenheit, aus der ihre Mission entspringt.

UNFRIED/WELZER *Aber auf einer rationalen Grundlage: daß nur globale Politik in der Lage ist, die globalen Probleme zu lösen.*

SLOTERDIJK In jeder Epoche werden andere Aufstiege in erweiterte Horizonte ausprobiert. Nach der Französischen Revolution führten die zeitgemäßen Konversionen zu liberalen oder zu sozialistischen Positionen. Wem dieses starke Entweder-Oder zu anspruchsvoll schien – denn Liberalismus ohne eine gewisse Selbstlosigkeit ist ebenso undenkbar wie Sozialismus –, der konvertierte zur Nationalität und fand in der Behauptung des eigenen Kollektivs seine Mission – was man als eine betrügerische Form der Selbstmission betrachten kann.

UNFRIED/WELZER *Inwiefern?*

SLOTERDIJK Daß man für das, was man durch Geburt sowieso ist, obendrein noch Partei ergreift, als ob die chauvinistische Selbstvergrößerung etwas Höheres sei. Immerhin hatte der selige Nicolas Chauvin, der unter Napoleon diente, seine siebzehn Verwundungen, mit denen er prahlen konnte.

UNFRIED/WELZER *Unsere Grundfrage lautet: Werden die Leute wirklich irre im Sinn einer Pathologie oder haben diese Formen von Wahrheitssuche im »alternativen« Bereich andere Ursachen? Sie haben jüngst in einem Essay über den »Zynismus des Pöbels« gesprochen und ihn als Reaktion auf den »Zynismus der Eliten« gedeutet. Zynischer Pöbel, das wären in den USA die Leute, die das Kapitol in Washington stürmen, bei uns sind es die Corona-Leugner, die keine Lust mehr haben, die Maske aufzusetzen, weil sie meinen, auf andere keine Rücksicht mehr nehmen zu müssen, nachdem die anderen, scheinbar, auch keinerlei Rücksicht auf sie nehmen.*

SLOTERDIJK Die Bilder vom Sturm aufs Kapitol werden uns noch eine Weile beschäftigen. Ich bin überzeugt, daß es keineswegs nur Unterschicht-Individuen waren, die sich da zusammengefunden hatten. Es waren Akademiker dabei, auch Militärs, Millionärssöhne und Staatsfeinde aller Couleurs. In den USA läuft gerade eine interessante Diskussion darüber, ob es nicht »abwärtsmobile Intellektuelle« sind, zum Teil mit PhD – früher hätte man sie »deklassiert« genannt –, die sich in den gegen den Konsens meuternden Gruppen hervortun, weil sie dort

Sprechrollen finden, wie sie sie als Hochschullehrer oder als Beiträger zu Feuilletondebatten nie und nimmer hätten wahrnehmen können. Man sollte, scheint mir, solche Ereignisse immer auch mit dem Zynismus des geschulten Berufsberaters betrachten. Die Krise ist eine große Arbeitgeberin, und aus dem ideologischen Chaos entspringen wilde Karrieren, in die man nur im Modus der Selbsternennung hineingerät.

UNFRIED/WELZER *Wenn ich bei der CDU nix geworden bin und zur AfD gehe, kriege ich dort eine beachtliche Rolle. Bekehrungen dieser Art sind sichtlich interessengeleitet. Aber es gibt unleugbar auch einen Teil der Gesellschaft, der es aufgegeben hat, an die Vertretung seiner Interessen im etablierten Parteienspektrum zu glauben. Der möchte jetzt einfach noch mal auf die Kacke hauen. Das ergibt seine alternative Wahrheit.*

SLOTERDIJK Also hätten wir es nicht mit Wahrheit-Suchern zu tun, sondern Wahnsinns-Suchern, mit Krawallisten im Alternativengewand. Man kann das mit den grellen Posen in der Popkultur vergleichen. In der Multioptionsgesellschaft ist ein wenig Wahnsinn ein Geschäftsmodell. Man kommt vermutlich analytisch weiter, wenn man bei Phänomenen dieser Art eine Variante von politischem Existentialismus als Deutungsschlüssel ansetzt, als wenn man beim einzelnen tiefenpsychologische Motivforschung betreibt. Erweckungen gehören zu den elementaren Risiken von Lebensläufen, sie finden zu den ungewöhnlichsten Zeitpunkten statt. Oft geschehen

sie zu Zeiten, wenn der äußere Druck zunimmt. Sekten-
forscher konnten zeigen, daß der Zustrom zu islamischen
Gruppen sich verdoppelt, sobald die antimuslimische
Repression kulminiert.

UNFRIED/WELZER *Das heißt?*

SLOTERDIJK Das heißt, es gibt eine Dynamik der Ge-
genidentifikation. Wer der Mehrheit beitritt, löst sich auf.
Mehrheit ist eine fade Bouillon. Meistens traut man sich
nicht genügend Kompaktheit zu, um sich nicht in der
Normalbrühe aufzulösen. In der Minderheit behält man
Kontur. Wer verneint, spürt sich mehr. Im übrigen muß
man in diesem Zusammenhang auch an alte Soldaten-
weisheiten erinnern. Eine davon lautet: Noch immer
hat der Krieg seinen Mann ernährt. Das heutige Äquiva-
lent zum Krieg ist die andauernde Krise, auch die sorgt
für die Ihren.

UNFRIED/WELZER *Eine Sache, die auffällt, bei allem, was
Sie schreiben oder in Interviews äußern: Die Medien, sagen Sie, sogar die Qualitätsmedien, seien Betreiber und
Verstärker der Irrationalität. Weil das deren Geschäfts-
grundlage ist?*

SLOTERDIJK Ohne Zweifel. Die Medien sind in funktio-
naler Sicht Partner des Unfalls, des Verbrechens, des
schlimmen Gerüchts. Sie bewirtschaften Ereignisse, Un-
fälle, Katastrophen. Die kurzfristige Katastrophenpubli-
zistik hat naturgemäß einen irrationalen Anteil. Ich wür-

de nicht so weit gehen zu behaupten, die Medien kooperierten allesamt mit dem Irrsinn. Aber denken Sie an die Resonanz auf einen beliebigen Terroranschlag im eigenen Land oder innerhalb der Europäischen Union: Regelmäßig wird jeder Angriff im Maßstab von eins zu einer Million vergrößert, bis sich alle sowohl informiert als auch bedroht glauben. Dabei sollte man längst wissen, daß Terrorismus eine Kommunikationstechnik ist, die nur funktioniert, wenn sie mit medialen Multiplikationen rechnen darf. In Lenins Dekreten über den roten Terror von 1918 wird verordnet, daß die Publikation der Listen der von Revolutionären Ermordeten in einem Umkreis von einhundert Werst bei denen, die als nächste dran sein könnten, Furcht und Zittern bewirken muß.

UNFRIED / WELZER *Sie haben gesagt, was sich als Information ausgibt, ist in der Sache oft nichts anderes als Erregung, Vergiftung und Zerstörung der öffentlichen Urteilskraft.*

SLOTERDIJK Das kann man im Hinblick auf viele Abläufe bestätigen, die Zuspitzung eingerechnet. Verknüpfungen zwischen der Epidemiologie und der Semantik wurden übrigens schon durch Jean Baudrillard vor einem halben Jahrhundert vollzogen. Demnach soll man bei jeder Nachricht neben dem Content auch die emotionale Ladung in Betracht ziehen, weil sie es ist, die für die Ausbreitung sorgt. Nachrichten haben Vektorqualitäten, sie sind erfolgreich, wenn sie informatische Epidemien auslösen. Das moderne Nachrichtenwesen ope riert im Modus von künstlichen Epidemien, die binnen 24 Stunden Millionenpopulationen infizieren. Ohne die Ansteckungsfaktoren können emotionale und thematische Synchronisierungen größerer Populationen gar nicht gedacht werden. Natürlich findet gelegentlich auch effektive Information statt, denn im Wettstreit zwischen dem Mitteilungswert und dem Erregungswert einer Nachricht kann gottlob so etwas wie Lernen und Abklärung passieren. Wäre es anders, blieben wir in Verhetzungen und Verrücktmachereien sitzen.

UNFRIED/WELZER *Abgedriftete Milieus lassen aufklärerische Informationen nicht mehr an sich heran.*

SLOTERDIJK Das finde ich sehr beunruhigend. Auch die Tatsache, daß Trump hartnäckig den Wahlsieg reklamierte, spricht dafür, daß er nur noch den Spiegelungen seiner Fiktionen begegnete. Für Tatsachen gab es in seinem Weltbild keinen Platz mehr.

UNFRIED/WELZER *Für knapp die Hälfte der Wählerschaft in den USA, 74 Millionen Menschen, scheinen unsere Rationalitätskriterien also nicht mehr konsensfähig. Aus historischer Sicht beobachten wir in den totalitären Systemen genau diesen Effekt: Was wir als moderne Demokraten als vernünftig verstehen, wird suspendiert, und eine »andere« oder »alternative« Form kollektiver Wahrheit wird etabliert. Insofern ist die Frage nach dem Irresein letztlich auch eine Frage nach dem Verhältnis von Mehrheit und Minderheit. Bei einer knappen Minorität von 74 Millionen wird es schwierig.*

SLOTERDIJK Wer heutzutage auf eine reine Konsensus-Theorie der Wahrheit setzen wollte, gerät in eine etwas problematische Situation, vorsichtig gesprochen. Der Konsensus ist offensichtlich nicht imstande, sich dem Schwerefeld des Wahns zu entziehen.

UNFRIED/WELZER *Damit rühren wir an einen äußerst heiklen Punkt der Gegenwart.*

SLOTERDIJK Aber auch an einen heiklen Punkt der Vergangenheit. Denken Sie daran, daß im 17. Jahrhundert jeder dritte Spanier sich entschlossen hatte, in einen Orden einzutreten. Was verrät, wie sehr die Lebensperspektiven für die meisten Menschen auf der iberischen Halbinsel jener Zeit versperrt waren. Der Aufbruch in die Neue Welt, die man gerne mit der spanischen Seefahrt verbindet, war nur relativ wenigen zugänglich.

UNFRIED/WELZER *Worauf wollen Sie hinaus?*

SLOTERDIJK Das 17. Jahrhundert galt als die höchste Blütezeit der spanischen Kultur, die Wendung »Siglo de oro«, Goldenes Jahrhundert, klingt uns noch immer in den Ohren. Gleichzeitig war der Faktor kollektiver Verrücktheit so immens wie später kaum jemals wieder. Mitteleuropa zerfleischte sich im Dreißigjährigen Krieg der Religionsparteien. Um die globale Stimmung an einem prominenten Beispiel zu erläutern: Würde uns Isaac Newton über den Weg laufen, auch er ein Geschöpf des 17. Jahrhunderts, würden ihn die meisten für einen illuminierten Verrückten halten. Seine Biographen berichten, daß er zwar ein paar hundert Bücher mit naturwissenschaftlichen Titeln besaß, der Schwerpunkt seiner Bibliothek bestand aber aus esoterischen Büchern, deren Inhalt wir längst als Hokuspokus betrachten. Sobald Newton der Mathematik den Rücken kehrte, schwelgte er in Irrationalismen. Wahrscheinlich neigen wir dazu, den Verrücktheitsindex für kollektive Zustände in der Vergangenheit zu unterschätzen und für die gegenwärtige Zeit zu überschätzen.

UNFRIED/WELZER *Wenn wir uns der Gemeinde der modernen Vernunft zurechnen würden und bestimmte Rationalitäts-Unterstellungen machen, dann stellt sich angesichts der Hälfte der amerikanischen Wählerschaft doch die Frage: Trägt denn das noch, wozu wir uns bekennen? Oder stehen wir als selbsternannte Vernünftige längst mit dem Rücken zur Wand?* In einem Essay zum Brexit im Handelsblatt *haben Sie vor kurzem einige diagnostische Denkfiguren vorgeschlagen: Sie deuten den Populismus als Aggressionsform der Simplifikation und die Demokratie als Ernstfall der Epidemiologie. Was heißt das?*

SLOTERDIJK Wir sehen die Flammenschrift an der Wand doch schon seit längerer Zeit. Bei den Präsidentschaftswahlen in Frankreich vom April 2017 haben in der ersten Runde mehr als 41 Prozent der Wähler für links- und rechtsradikale Wahnsysteme votiert, die unter den Namen Le Pen und Mélenchon firmieren, zusammen über 14 Millionen Stimmen, während der spätere Präsident Macron in der ersten Runde achteinhalb Millionen Stimmen auf sich vereinte und froh sein durfte, die zweite Runde zu erreichen, die er dann gegen Marine Le Pen zu gewann; die erreichte bestürzende 34 Prozent. Die Bereitschaft von Menschen, mit ihren Wählerstimmen verrückte Dinge zu treiben, ist seit der Verkündung des allgemeinen Wahlrechtes sehr hoch geblieben, die Einführung der allgemeinen Vernünftigkeit erfolgte offensichtlich asynchron. Das ist, möchte ich meinen, eine geschlechtsneutrale Beobachtung.

UNFRIED/WELZER *In dem oben erwähnten Brief lauten die zentralen Formulierungen, auf den Punkt gebracht: Hiermit trete ich aus der Wirklichkeit aus! Zugleich mache ich anderen das Angebot, mit mir zugleich aus der Wirklichkeit auszutreten. Auch angesichts der Entwicklungen durch die Pandemie stellt sich die Frage: Wächst das Bedürfnis nach dem Austritt aus der Wirklichkeit?*

SLOTERDIJK Wenn man das wissen könnte! Sie rühren jedenfalls an den sensitiven Punkt. Man könnte Heraklit zitieren, der bemerkte, daß schlafend jeder Mensch in seiner eigenen Welt sei. Es komme aber darauf an, der gemeinsamen Tageswirklichkeit zu folgen. Seit jeher werden viele Communities über Trauminhalte oder Fest- und Rausch-Zusammenhänge gestiftet. Es gibt wohl so etwas wie einen Sozialismus der Nacht. Wir Europäer haben Glück, daß die Wirklichkeitskonstruktion der Mehrheiten im Moment zumeist ohne allzu deutliche neurotische und psychotische Komponenten geschieht, zumindest was die westeuropäische und skandinavische Grundsituation anbelangt.

UNFRIED/WELZER *Wie das?*

SLOTERDIJK Nun ja, das Verlangen nach Wahnsinn scheint bis auf weiteres noch bei den Minderheiten zu sein, obschon es an vielen Stellen köchelt. Von den irrationalen Wellen in Frankreich haben wir gesprochen; was soll man erst von ultrakatholischen Polen sagen, die darauf schwören, ihr Land sei der Christus unter den Völkern und der vor einigen Jahren mit dem Flugzeug abgestürzte Präsident sei ein Märtyrer?

In Polen ist die Ansicht populär, ihr damaliger Präsident sei ermordet worden. Beobachter im Ausland gehen eher davon aus, er habe neunzig Leben und mehr auf dem Gewissen, weil er den Piloten der Unglücksmaschine nötigte, zum vierten Mal den Landeanflug zu versuchen, bei einer Sicht gegen null.

Die Formel vom »Austritt aus der Wirklichkeit« scheint mir sehr entwicklungsfähig. Gerade kommt mir der Satz von Joseph Beuys ins Ohr: »Hiermit trete ich aus der Kunst aus.« Er wollte in etwas eintreten, was wirklicher und verbindlicher sein sollte als Kunst in ihrer betriebsförmigen Verfaßtheit. Man kann es auch so sagen, daß viele Menschen sich gern im spitzen Winkel zur Wirklichkeit aufstellen, wodurch die sogenannte Wirklichkeit an ihnen abgleitet wie am Bug eines Schiffes. Man geht im Keil auf das sogenannte Reale zu, Frontalität ist in der Regel unerwünscht. Das Austreten aus der Wirklichkeit ist übrigens zu einer Industrie geworden, nachdem die Menschen dank der Vierzigstundenwoche sehr viel Freizeiten erlangt haben. Seit der frühen Kritischen Theorie ist die Diagnose ausgesprochen und hingeschrieben, daß die Unterhaltungsindustrie auf ihre Weise den Ernstfall der Industriegesellschaft inkarniert. Ablenkung gehört zu den ernstesten Dingen – schon Pascal hatte das erkannt, als er notierte, ein König ohne Unterhaltung sei ein elendes Geschöpf. Unfugsprävention geschieht zumeist, indem man den Unfug ritualisiert.

UNFRIED/WELZER *Dazu gehört auch der heilige Unernst, mit dem häufig über Politik gesprochen wird.*

SLOTERDIJK Könnte es nicht sein, daß die reale Realität die Summe der Eskapismen ist? Ich habe jüngst gelesen, die Lebenserwartung bei russischen Männern sei in den letzten zwanzig Jahren kräftig angestiegen. Gegen das Ende der Sowjetunion lag sie so niedrig wie zuvor nur bei steinzeitlichen Bevölkerungen. Viele Menschen im Osten hatten nicht den Übergang vom Kapitalismus in den Sozialismus erlebt, sondern den in den Alkoholismus. Diese Tendenz gehört zu den Modernismen, an denen die muslimische Welt sich nicht beteiligt. Wahrscheinlich hat die Erregungs- und Gekränktheitsbereitschaft von Muslimen etwas mit ihrer Abstinenzkultur zu tun. Das Ventil der dionysischen Kulturen steht bei ihnen nicht offen. Dann nimmt die Religion leichter einen rauschhaften endomorphinistischen Zug an.

UNFRIED/WELZER *Könnte der Evangelikalismus US-amerikanischer Prägung zu einem Rauschdefizit führen, der sich dann in die Exaltiertheit der Wirklichkeitsdeutung übersetzt und in fanatische Gemeinschaftsbildung im Sinn einer Trump-Gefolgschaft übergeht?*

SLOTERDIJK Man darf einen Zusammenhang vermuten. Dafür spricht die Tatsache, daß die evangelikalen Rituale sich als außerordentlich exportgeeignet erweisen. In Lateinamerika, wo die katholische Kirche das religiöse Feld jahrhundertelang nahezu monopolisiert hatte, hat man den protestantischen Sekten aus dem Norden Tür und Tor geöffnet hat. Die Triade aus Jubel, Arbeit und Struktur war bei den Ärmeren erfolgreich zu implantieren. Sie gibt eine Art von Halt, wie er in der Szene des herkömmlichen katholischen Pauperismus nicht zu finden war. Über Phänomene dieser Tendenz wird man im Lauf des 21. Jahrhunderts noch einiges hören, denn die Sekten wachsen schnell. Es gehört ja, wie Canetti in *Masse und Macht* gezeigt hat, zum Wesen der Sekte, daß sie expandieren muß. Die Sektenmasse erhält sich, indem sie immer mehr vom Außen in sich hineinzieht. Ihre Hymne heißt: Wir werden immer zahlreicher.

UNFRIED/WELZER *Genau so endet diese E-Mail, die wir am Anfang zitiert haben. »Wir sind viele und wir werden mehr.« Verbunden mit einer Einladung an uns, hinzuzukommen.*

SLOTERDIJK Lieber Herr Welzer, Sie gehören ja, soviel ich weiß, zu den Mitgründern eines grünen Kanons in der Bundesrepublik. Sie werden sich daran erinnern, daß die frühe Ökobewegung in Deutschland mit dem Katastrophenmodell von Carl Amery sozialisiert worden war. Man fing gleich mit der Naherwartung der Katastrophe an. Amerys Standardbeispiel war Bierhefe in der Petrischale – die vermehrt sich rasend, unbelehrbar, dann bricht die Expansion von einem Augenblick zum nächsten zusammen. Gegenwärtig haben wir für die globale Zivilisation ein etwas elastischeres Zeitmodell entwickelt, das uns erklärt, warum uns noch zehn Jahre bleiben, bis dahin muß das Extra-CO_2 eliminiert sein.

UNFRIED/WELZER *Ja, zehn oder fünfzehn, so etwa.*

SLOTERDIJK Die Grünen haben sich demnach zu abgemilderten Katastrophisten gewandelt. Man muß Carl Friedrich von Weizsäcker nachträglich recht geben, wenn er sagte, die Angst solle als die enge Verbündete der Vernunft begriffen werden, obwohl sie sonst oft eine Verführerin zur Irrationalität ist. Im Blick auf die kommenden Katastrophen kann die Angst auch als Schubkraft für ein vernünftiges Handeln nützlich werden. Etwas hiervon ist beim Greta-Effekt im Spiel. Das Mädchen mag ein wenig seltsam wirken, doch sollte man sie nicht pathologisieren, sie hat wirklich etwas gesehen.

UNFRIED/WELZER *Aus Thunberg spricht fast schon eine absurd durchrationalisierte, erwachsene Art von Vernunft.*

SLOTERDIJK   Dennoch sagt sie zu den Älteren: Ich möchte, daß ihr in Panik geratet. Auch sie arbeitet mit einem Modell von Zeitknappheit, ähnlich wie Weizsäcker, wonach zwischen einem starken Affekt und einer wichtigen Einsicht eine Verknüpfung hergestellt werden muß. Nur so ließen sich Wandlungen begünstigen, die angesichts der allgemeinen Frivolität nicht durchsetzbar wären. Das Betriebsklima moderner Konsumgesellschaften ist Leichtsinn, und die Erzeugung von Leichtsinn bildet die Hauptaufgabe der medialen Wirklichkeitskonstruktionen. Die Schwierigkeit liegt also darin, den Leichtsinn zu durchbrechen und Ernst einzuführen, wo er systemisch nicht erwünscht ist, vor allem beim Konsum und beim Energiehaushalt. Insofern ist das Corona-Paradigma einer Regierung anhand von Ausnahmeverordnungen so sehr bedeutsam. Jetzt hat die Politik ihre letzte Ausrede aus der Hand gegeben, nämlich: daß sie meistens nicht kann, wie sie will. Wir haben gesehen, was sie kann, wenn sie will. Wo hinreichende Willensspannungen sind, da läßt sich sehr viel machen.

UNFRIED/WELZER   *Corona als die Gegenkraft zum Leichtsinn! Das muß man auf sich wirken lassen. Wenn wir in einer Kultur leben, die permanent den Leichtsinn fördert, bildet die Pandemie den direkten Widerspruch hierzu. Ich bin dieser Tage in Interviews oft gefragt worden: »Warum gehen denn die Leute Skilaufen, obwohl die Infektionszahlen so hoch sind?« Meine Antwort war: »Sie kriegen ja ihr Leben lang nichts anderes zu hören, als daß sie permanent tun sollen, wonach ihnen zumut ist.« Die Eindringtie-*

*fe der Corona-Pandemie, so scheint es, ist deswegen so
groß, weil sie kein Spaß ist, und mit Leichtsinn nicht zu
meistern. Der Ernstfall ist uns kulturell fremd geworden.*

SLOTERDIJK Der Konsumkultur ist es gelungen, ange-
kurbelt durch das Konsumkreditwesen, innerhalb von
weniger als hundert Jahren die Frustrationstoleranz bei
den einzelnen extrem abzusenken. So ist eine Kultur
der instantanen Satisfaktionen entstanden. Das Verlangen nach sofortigen Gratifikationen, am besten auch ko-
stenfrei, ist so heftig geworden, daß man die Wiederein-
führung einer vernünftigen Zurückhaltung schon fast
als konterrevolutionäre Überforderung wahrnimmt. Jede Wiederbelastung löst primär Wut und Erbitterung
aus. Andererseits informiert uns diese Reaktion über die
Vertikalspannung, die in höheren Kulturen immer aufrechterhalten werden mußte. Wo es um ernste Einsätze
ging, wurden Zusatzanstrengungen verlangt, mit ständi-
gem Üben und Exerzieren, in der Armee, in den Hand-
werken, im Haushalt, in den Künsten. Untrainierte waren zu nichts zu gebrauchen. Dasein hieß In-Form-Sein.
Seneca schreibt einmal an seinen Schüler Lucilius: Ein
einziges Winterlager ließ Hannibals Armee erschlaffen.
Damit wollte er sagen: Wenn du ein paar Monate in deiner Anspannung nachläßt, bist du aus dem Spiel.

UNFRIED/WELZER *Haben Sie die liberale Demokratie aufgegeben?*

SLOTERDIJK Wer sind wir, um die liberale Demokratie aufzugeben?

UNFRIED/WELZER *Was also tun?*

SLOTERDIJK Ich habe eine Lektüre in den Knochen, die bei mir ziemlich gründlich nachwirkt, Timothy Snyder: *Der Weg in die Unfreiheit.* In seinem neuen Buch, dessen Titel auf Hayeks *Weg zur Knechtschaft* anspielt, beschreibt er zwei Grundhaltungen, die mit dem Leben in Demokratien schlechterdings nicht kompatibel sind. Die erste nennt er die »Politik der Ewigkeit«. Sie unterstützt die Illusion, wonach in der Welt »da oben« immer das gleiche geschieht, die ewigen Stereotypen wiederholen sich, nur auf andere Individuen verteilt. Will sagen: Die Welt ist alles, worin immer dasselbe geschieht – ganz wie in Wagner-Opern. Snyder erklärt sehr suggestiv, warum diese Haltung mit den politischen Bedürfnissen von Diktaturen bestens korrespondiert. Die setzen darauf, daß die Menschen resignieren und die da oben machen lassen. Wenn wirklich alles immerfort auf dasselbe hinausläuft, sollte man am besten früh lernen, sich mit dem Gegebenen abzufinden. Putins Politik verfolgt diesen Pfad ganz kohärent. Opposition ist zwecklos, an ihrer Stelle hat man die russisch-orthodoxe Kirche auferstehen lassen. Auf der anderen Seite, so führt Snyder weiter aus, bedroht uns die Illusion des positiven Fatalismus, wonach in der Geschichte so etwas wie eine Verbesserungs- oder Fortschritt-Automatik am Werk sei. Dieser Irrtum sei politisch ebenso gefährlich, weil er den Menschen ihre

Anstrengungsbereitschaft ausredet. Zwischen den beiden Haltungen eingeklemmt findet sich der schmale vitale demokratische Mittelgrund, wo Leute sich anstrengen für die freiheitliche Lebensform in ihrer ganzen Unwahrscheinlichkeit, die nach links wie nach rechts täglich gefährdet ist. Ihr schadet der unbegründete Fortschrittsglaube ebenso wie der ahistorische Pessimismus. An einem Mann wie Nawalny kann man, wie auch an den weißrussischen Vorkämpferinnen, erkennen, daß die Demokratie noch ihre Helden hat. Politisch Erwachsene sollten trotz allem die Stellung halten. Wenn man sich klarmacht, wie fragil die Lebensformen der Freiheit sind, darf man keinen Meter zurückweichen.

Statt eines Nachworts
Leben in der Philosophenhöhle

Im Gespräch mit René Scheu*

SCHEU *Lieber Peter, Philosophen sind ja ihrer Natur nach seßhafte Wesen. Sie sitzen gern zu Hause an ihrem Schreibtisch, ihrer einzig wahren Heimat, und denken über das Weltgeschehen nach, das sich draußen abspielt. Im ersten Corona-Jahr warst du nun tatsächlich zur Seßhaftigkeit verdonnert, sogar unter Androhung von Strafen. Wie schlimm war das?*

SLOTERDIJK Mit der philosophischen Seßhaftigkeit hat es so eine Bewandtnis. Wenn ich dich richtig verstehe, meinst du, ich hätte die Wirkungen des coronabedingt eingesperrten Daseins an mir abgleiten lassen können, weil ich das Eingesperrtsein berufsbedingt von innen her betreibe …

SCHEU *… richtig …*

SLOTERDIJK … da ist etwas Wahres dran. Im ersten Semester der Pandemie hatten wir, meine Frau und ich, nicht wirklich zu klagen. Mir war des öfteren zumute wie einem Patienten auf dem Zauberberg, wobei *unsere*

---

* Dieses Gespräch zwischen Peter Sloterdijk und René Scheu wurde exklusiv für diesen Band am 20. Februar 2021 geführt.

Klinik nicht von Thomas Manns grobianischem Lungen-Hofrat geleitet wurde, sondern von keinem Geringeren als Professor Edmund Husserl. Bei ihm durfte man noch mal die phänomenologische Meditation studieren. Er frischte die Fähigkeit auf, vom Schreibtisch wie von einem Belvedere auf die Welt zu schauen, als hätte man Urlaub von allem, an erster Stelle von sich selbst und den eigenen Meinungen. Eine sehr bevorzugte Position, es brauchte keine Strafandrohung, um sie einzunehmen.

SCHEU *Ich habe es mir gedacht. Es gibt für einen Denker Schlimmeres als die Zwangskasernierung. War also alles letztlich doch wie immer?*

SLOTERDIJK Keineswegs. Phänomenologe bin ich halbtags, in der übrigen Zeit praktiziere ich extravertiertes Leben und alle Arten von Bewegung, bei denen man weder vor dem Bildschirm sitzt noch ein Keyboard bearbeitet. Der Radius hat sich stark verengt. Bis vor einem Jahr hatte ich immerzu ein gewisses Pensum außer Haus, Vorlesungen, Podiumsgespräche, PR-Events nach dem Erscheinen von Übersetzungen und mehr oder weniger regelmäßige Besuche bei Freunden in verschiedenen Städten, vor allem Karlsruhe und Paris, zudem fast jährlich eine Reise in die USA, um von den Exkursionen in die Provence und nach Korsika nicht zu reden, wo sich seit langem unser Sommerhöhepunkt angesiedelt hat. Das meiste hiervon ist zum Stillstand gekommen, immerhin mit der Folge, daß ich weniger oft sagen muß, die Reiserei geht mir auf die Nerven.

SCHEU *Das ist doch etwas. Wie hast du dich in der verordneten Seßhaftigkeit fit gehalten, geistig, körperlich, psychoenergetisch?*

SLOTERDIJK Im Sommer zwanzigzwanzig war das ziemlich einfach. Was dem Neuberliner an der Stadt angenehm auffällt, ist die Großräumigkeit und die ständige Nähe zu Grünflächen. An einem Augustabend, nach ein paar zögernden Regentropfen, vom Gendarmenmarkt durchs Brandenburger Tor und den Tiergarten auf einem leichten, fast selbstfahrenden Velo in der seidenen Luft dahingleiten, zwischen tausend Passanten, die ihr Glück zu Fuß und mit reduzierter Bekleidung suchen, das ergibt ein Bild, das nicht zu den Corona-Stereotypen paßt, schon gar nicht zu den Schreckensbildern aus den Intensivabteilungen der Charité – doch gehörte auch das zu den Realitäten. Es gab lockdownfreie Tage, fast wie früher, und die Sache der Leichtlebigkeit sah zeitweilig nicht so verloren aus wie dann wieder im Herbst mit seinem mißglückten Regime aus halber Vorsicht und erst recht im Winter, als alles, was wirklichem Leben geglichen hatte, mit den Sohlen am Boden anfror.

SCHEU *Das war in der Tat eine depressive Phase, auch in der Schweiz. Die Gelassenheit war plötzlich vorüber, der autoritäre Lockdown nach chinesischem Vorbild wurde wieder verhängt, ohne restlos überzeugende Begründung. Und Freiheitsentzug schmerzt immer, nicht nur den Eidgenossen. Was hast du in dieser Zeit getrieben?*

SLOTERDIJK Manchmal kam ich mir wie Rotpeter vor, der Affe in Kafkas *Bericht für eine Akademie,* wenn er sagt, er verlange gar nicht auf Menschenart nach der ganz großen Freiheit, sondern nur nach einem Ausweg. Offene Auswegrichtungen gab es im Corona-Jahr genug, abgesehen davon, daß ich bis April mein *Himmel*-Buch abgeben wollte, damit es im Herbst erscheint. Sobald ich den Kopf von den religiösen Materien frei hatte, lernte ich meine Bibliothek wieder näher kennen, ich las querfeldein, zuerst einige anglophone Erzähler, William Trevor, James Salter, Kazuo Ishiguro, auch Klassiker wie Horaz, Gracián, Sterne, Diderot, Machado, dann fiel mir ein *opus magnum* auf deutsch in die Hände, Albert Vigoleis Thelens *Die Insel des zweiten Gesichts*, ein Monstrum von Buch, 1953 erschienen, von dem ich zweieinhalb Monate lang täglich nur zehn oder fünfzehn Seiten las, aus Sorge, zu bald fertig zu werden.

SCHEU *Nun rühren wir ans Wesentliche, wenn wir uns an den ersten Hauptsatz deiner philosophischen Anthropologie halten, wonach »Dasein«, richtig verstanden, nichts anderes ist als »In-Form-Sein«: Kann man denn mit Lektüre allein in Form bleiben?*

SLOTERDIJK Auf keinen Fall. Du kennst meine Trainingstheorie, ich habe sie in *Du mußt dein Leben ändern* entwickelt, und ich behaupte, daß sie die üblichen Ethiken und die öden Debatten über »Identität« ersetzen sollte. In meiner Neubeschreibung des Humanalltags wird sichtbar, daß das praktische Leben überall die Form ei-

175

nes Mehrkampfs mit einer nach oben offenen Zahl von Disziplinen annimmt. Zehnkampf als Metapher.

SCHEU *Der Mensch, das übende Tier, schöpft aus der Fülle seines Potentials ...*

SLOTERDIJK So müßte man es sehen. Das fängt mit Atmen, Saugen, Grapschen, Lächeln, Laufen und Sprechen an und steigert sich, wenn alles gutgeht, bis zum aufrechten Gang Richtung Toilette und weiter zum Lesen, Schreiben und Essen mit Messer und Gabel. Es folgen die Gegenstände der höheren Schule, die um grammatische Fähigkeiten und mathematische Elementaroperationen kreisen. Wer das Glück hat, effiziente Lehrer zu treffen, lernt früh eine Fremdsprache lesen und sprechen, vielleicht sogar eine zweite, mit noch mehr Glück auch ein Musikinstrument – da gilt die Regel, man beherrscht es frühestens nach zehntausend Übungsstunden so gut, daß qualfreies Zuhören möglich wird, und diese Übungsregelzeit war einst ebenso für die meisten höheren Handwerke wie Geigenbau, Häuserbau, Porzellanmalerei gültig. Für mich bot der Lockdown die Gelegenheit, beim Kochen etwas hinzuzulernen, vor allem im italienischen Spektrum. Die Theorie hierzu sagt, du bist, was du geübt hast, du wirst, was du dazulernst. Das Merkwürdige an den Lockdown-Monaten war, daß man, ob man wollte oder nicht, merken mußte: Auch Nichts-zu-tun-Haben will gelernt sein.

SCHEU *Die Welt verlieren, um sie aus der nötigen Distanz neu zu gewinnen – das ist ein klassischer philosophischer Gestus. Als du so vor dem Fenster standst, um in die entgleiste Welt hinauszublicken, welche Gedanken gingen dir durch den Kopf?*

SLOTERDIJK Nun ja, das Aus-dem-Fenster-Schauen ist nicht meine Stärke. Vor den Fenstern meiner neuen Bleibe in Berlin sehe ich einige Kiefern, die man mit etwas gutem Willen für Pinien halten könnte, was südliche Assoziationen weckt. Vor allem sehe ich, näher als die falschen Pinien, eine mehr als hundertjährige Eiche, kirchturmhoch, breit und prächtig, auf ihre Weise unangreifbar, in einem Grün, das sich für den Bundestag nicht interessiert. Sollte sie etwas sagen, dann wäre es, daß sie vorhat, in fünfhundert Jahren noch dazustehen. Das Dastehen ist ihre Spezialität. Aber wer will schon täglich daran erinnert werden, daß der Baum da drüben noch im Wind rauschen wird, wenn deine gesammelten Werke auf den Regalen von Antiquariaten für prädigitale Drucksachen verstauben?

SCHEU *Come on!*

SLOTERDIJK Sagen wir so: Deine Frage kommt mir etwas suggestiv vor, als könnte ein Höhlenbewohner vom Halensee zugleich ein Olympier sein, der zeusartig von oben auf die ganze Welt schaut, um das Schauspiel zu bewerten.

SCHEU *Dennoch – welche Gedanken hast du zu verscheuchen versucht, und welche Gedanken kehrten trotzdem immer wieder?*

SLOTERDIJK Was ich verscheuchen würde, wenn ich mir's merken könnte, das wären die Fernsehnachrichten, die ich meistens um 19 Uhr sehe. Die zeigen allerdings schon eine selbstauslöschende Tendenz. Niemand muß sie aktiv vergessen wollen, sie überschreiben sich ständig selber und machen Tilgungsaufwand überflüssig. Ihre Fragwürdigkeit wird einem erst bewußt, wenn man die News-Sendungen verschiedener Länder vergleicht – was selten passiert, etwa wenn man zwischen weit entlegenen Kulturen reist. Dann bemerkt man, wie sehr die Nationalmedien ihre Rezipienten unter völlig verschiedene Aktualitätenglocken stellen, immer mit der Suggestion, diese Nachrichten seien die aktuellen, und das Aktuelle sei real. Doch davon kann keine Rede sein. Ein gut ausgebildeter Zögerer, sagen wir ein Philosoph der Descartes- und Husserl-Schule, würde an jedem Ort den Kopf schütteln und sagen: Das alles ist nur Stoff für die lokale Illusionshöhle. Laßt uns lieber prüfen, wie die Dringe draußen aussehen!

SCHEU *Ja, wie denn?*

SLOTERDIJK Das wüßte man, wenn man einen allgemein begehbaren Weg ins Freie gefunden hat, doch einen solchen kennt niemand. Philosophen zweifeln heute daran, daß je irgendwer mehr gesehen hat als einen

Höhlenausgang von der Innenseite. Man muß wohl in der Höhle ausharren, um die in ihr wiederkehrenden Motive zu erfassen. Was öfter vorkommt, hat höhere Chancen, wirklich zu sein, als was nur selten und beiläufig vorüberhuscht. In unseren Tagen ist das meisterwähnte das Coronavirus. Es zwingt sich auf als das Allerwirklichste unserer Tage. Ich mag es verscheuchen, soviel ich möchte, dieses Virus kommt durch alle Ritzen wieder herein. Die Corona-Leugner, die aufgrund von Medieneffekten mehr von sich reden machen, als ihnen zukommt, behaupten hartnäckig, das Ganze sei eine von Oligarchen gelenkte Seifenoper, die globale Absatzmärkte für Impfstoffe generieren soll. Manchmal denke ich, die Welt wäre verständlicher, wenn sie recht hätten.

SCHEU *Das menschliche Gehirn erfindet Bösewichte, die im Hintergrund die Fäden ziehen, und alles gerät in seine durchschaubare Ordnung. Verschwörungstheorien sind Heilungsversuche, nur leider keine sehr erfolgversprechenden. Aber ganz abgesehen davon erinnert das Dasein in der Quarantäne tatsächlich an das Leben in der Höhle nach platonischem Muster: Du blickst auf einen flirrenden Bildschirm, so wie Platons Gefangene ihre Augen auf eine Wand mit wandernden Schatten richten mußten, mit nach vorn gefesselten Hälsen.*

SLOTERDIJK Platon hatte seine liebe Mühe damit, die Mitmenschen vom Gaffen an die Höhlenwand abzulenken. Sie waren es nicht gewohnt zu bemerken, daß das, was sie vor Augen hatten, innere Nachbilder erzeugte.

In Träumen sahen sie Nichtmehrseiendes wiederkehren – zum Beispiel verstorbene Verwandte. Sie folgerten daraus, daß zwischen den Lebenden und den Toten Verkehr stattfindet. Es war aber eine Revolution, als Platon das innere Sehen, das Denken, überdies das Operieren mit Denkfiguren wie Zahlen und Raumkörpern explizit beschrieb. Noch revolutionärer war, daß er den Figuren der gedachten Welt, den Ideen und den Urbildern, eine höhere Wirklichkeit zusprach als den sinnlich wahrgenommenen Dingen.

SCHEU *Was bewirkt bei uns diese Hypnotisierung durch die Bildschirme, die uns mit Vorstellungen vom Draußen versorgen? Macht sie uns alerter, oder stumpft sie uns ab?*

SLOTERDIJK Unvermeidlich beides. Es entsteht auch keine simple Hypnotisierung, sondern die Erweiterung der Höhlenwelt durch Einspielungen von äußerem Material. Man zeigt uns die Vorfälle in Nachbarhöhlen, als wären es Wirklichkeiten draußen.

SCHEU *Die Höhle ist in Wahrheit ein Höhlensystem, ohne Ausgang.*

SLOTERDIJK Woraus folgt: Wir könnten aus unserem Zusammenhang nur aussteigen, wenn wir bereit wären, den Illusionsraum ganz zu verlassen.

SCHEU *Was sollen wir tun, wenn wir nicht wollen, daß sich ein Gefühl von Entwirklichung einschleicht?*

SLOTERDIJK Es genügt fürs erste, von der Umzingelung wieder mehr auf die Wahrnehmung der physischen Präsenz zurückzugehen. Die ist zumeist eng, doch deutlich, hier, jetzt, tastbar und in der Regel mit einem Du und Wir verbunden.

SCHEU *Boris Groys hat in seinem Buch* Unter Verdacht *überlegt, wohin die platonische Urszene in der Mediengesellschaft führt: Wenn wir ständig auf Bildschirme und Schnittstellen starren, beginnen wir automatisch zu phantasieren – wir fragen uns, woher die Zeichen und Bilder kommen, die vor uns auftauchen.*

SLOTERDIJK Groys war kaltblütig genug, Platons Gleichnis radikal medientheoretisch zu lesen. Wenn die Vorführung der Schattenbilder auf der Höhlenwand eine unvermeidliche Show darstellt, liegt es nahe zu fragen, ob sie inszeniert wurde, und falls ja, von wem. Die Frage berührt die Anfänge der europäischen Metaphysik. Groys denkt in diesem Punkt vermutlich allzu russisch: Die Irreführung setzt einen Irreführer voraus, so wie die mißratene Schöpfung den bösen Demiurgen voraussetzt und die Sowjetunion das Gesamtkunstwerk Stalin. Als Führer in die Irre kommen, wie bei Dostojewskij, die Dämonen in Frage oder der Geist der Sabotage, den Stalin, der größte Geisterseher seiner Zeit, überall am Werk sah. Platon rechnete nicht mit Dämonen. Er nahm eine Urtäuschung an, bei der kein großer Täuscher die Fäden zieht. Die Aufgabe der Erkennenden besteht darin, den Mitmenschen Auswege aus der naturwüchsigen Täuschung zu zeigen. Das gibt Aufklärung der ersten Stufe, vielleicht naiv, aber nicht zynisch. In diesem Punkt denke ich mehr platonisch als groysianisch.

SCHEU *Entsteht auf dem Groysschen Weg eine neue Form des paranoischen Denkens – mit welchen Konsequenzen?*

SLOTERDIJK Groys, ich kenne ihn gut aus unseren gemeinsamen Jahren an der Hochschule in Karlsruhe, ist ein Großmeister des Denkens in Kategorien des Verdachts. Bei ihm kamen Impulse der russischen Semiotik, der Theosophie und der KGB-Logik zusammen. Das ergab eine Gnosis des totalen Museums. Wirklich ist nur, was fähig ist, in die große Sammlung einzugehen. Das klingt vielleicht anfangs etwas abwegig. Wer nicht mit Groys diskutiert hat, weiß nicht, was Denken im Ausgang des 20. Jahrhunderts sein kann. Boris verbarg sich unter der Maske des Kunstkritikers, seine Prätention war aber zeitdiagnostisch. Er hielt diskret an der Frage fest, was würde Stalin, der Weltgeist und Philosophenkönig der vierziger und fünfziger Jahre, über die postmoderne Lage sagen? Vermutlich würde er statuieren, daß ein Widerspruch gegen den Gang der Dinge heute nur noch als Paranoia auftreten kann. Wenn das, was den meisten vernünftig vorkommt, zum Wahnsinn tendiert, wird die Paranoia zum Vehikel der Kritik.

SCHEU *Seit einem Jahr klingt Vernunft monoton: Wir hören Corona-Litaneien von morgens bis Mitternacht.*

Die perfekte monothematische Situation. Ein zweites The-
ma kommt kaum noch auf. Eine einzige fixe Idee belastet
und irritiert alle, ohne die Menschen durch die Krise zu-
sammenzubringen.

SLOTERDIJK Ich habe in früheren Publikationen hin und
wieder Überlegungen über den Unterschied zwischen
monothematischen und polythematischen Zuständen
in den Massenmedien angestellt. Herrscht Polythematik
vor, darf man das üblicherweise als ein Entspannungs-
signal auffassen, die Gehirne haben Plätze frei fürs nicht
so Wichtige. Mercedes ruft Autos wegen defekter Fen-
sterheber zurück, im Zoo von Melbourne faßt ein Elefant
Herzogin Kate unter den Rock, eine rundliche Sängerin
aus Tottenham nimmt unter dem Jubel ihrer Fans dreißig Kilo ab, die Faktenprüfer kommen mit dem Lügen-
Output Donald Trumps nicht mehr mit, in einer russischen Provinzstadt werden Hunde mit blauem Fell
entdeckt ...

Das sind Nachrichten, die man entbehren könnte,
ohne völlig weltfremd zu werden. Hingegen besteht ein
enger Zusammenhang zwischen monothematischen Zuständen in den Medien und den realen Ernstfällen und
Katastrophen, die man uns wie eine höhere Gewalt über-
stülpt. Ich vermute, daß die Zwangsvergesellschaftung
der Aufmerksamkeit sich bei uns erst während des Ersten Weltkriegs vollständig durchgesetzt hat, weil damals
die Massenpresse in den kombattanten Nationen so
weit war, das ganze soziale Feld zu durchdringen, mi-
lieuübergreifend, bis ins letzte Dorf. Der Krieg saß vom

August 1914 an viereinhalb Jahre lang in der ersten Reihe. Ein Jahrzehnt später kam das Radio, nach dem Zweiten Weltkrieg drang das Fernsehen in alle Wohnzimmer ein. Seitdem gibt es vor der Zwangswirtschaft der vorherrschenden Themen kein Entrinnen. Terror, Tod und Teufelsviren erreichen dich in kürzester Frist, egal wo du dich aufhältst.

SCHEU *Hast auch du dir ein tägliches Corona-Update gegönnt, fokussiert auf die Zahl der Neuansteckungen, der Covid-Toten, auf die Positivitätsrate, den R-Wert, die freien Intensivbetten?*

SLOTERDIJK Ja, das gebe ich zu, ich habe mir meine Info-Dosen meistens brav verabreichen lassen, sofern ich mit dem Überdruß zurechtkam, das gelang nicht jeden Tag.

SCHEU *All die Zahlen sind ja erst mal nichts als kahle Ziffern. Sie bedürfen der Interpretation. Dabei ist Transparenz zunächst eine großartige Sache, ebenso die Aktualisierung der Statistiken in Echtzeit. Dank ihr kann sich jeder aufgeklärte Bürger selbst ein Bild machen.*

SLOTERDIJK Der neue Zahlenkult, der fabelhaft schnell eingerastet hat, ist aus meiner Sicht eigentlich eine quasi-religiöse Notwehr, eine Flucht ins Ritual. Wenn Journalisten und Politiker meinen, mit ihren ständig fortgeschriebenen Tabellen der kollektiven Urteilskraft zu Hilfe zu kommen, erscheint das mir bloß wie eine berufsnotwendige Selbsttäuschung. Außerdem, so kahl kommen mir die Statistiken nicht vor, die Graphiken wirken doch eher wie Andachtsbilder denn als Handlungsanweisungen, man stellt sie uns wie abstrakte Ikonen einer unsichtbaren Transzendenz vor Augen. Von heute aus kann man sich keinen Augenblick mehr denken, in dem das tägliche Zählen aufhören dürfte. Ab wann wäre eine Menge Toter nicht mehr erwähnenswert? Ich bin überzeugt, die schönen Seelen würden am ersten Tag ohne neue Zahlen von der Infektions- und Sterbefront überlaut den Zynismus der Medienmacher beschreien, die sich von den abflachenden Corona-Nachrichten keine Auflage, keine Quote mehr versprechen. Man würde ihnen ein heimliches »Sterbt leise!« in den Mund legen, an die Adresse der nicht mehr täglich neu addierten Kandidaten gerichtet. Daß es in modernen Zeiten säkularisierte Rituale mit kryptoreligiösem Sinn gibt, hat übrigens schon der junge Hegel in seinen Skizzen aus der Jenaer Zeit um 1803 notiert: »Das Zeitungslesen des Morgens früh ist eine Art von realistischem Morgensegen.«

SCHEU *Du hast dir, soviel ich weiß, früh eine Maske genäht, als noch kaum welche verfügbar waren. Wie hast du dich damals gefühlt, eher als Held der Eigenverantwortung oder als Bürger am Rande der Verzweiflung?*

SLOTERDIJK Die Stimmung war anfangs ein wenig anders, als du vermutest. Wir haben von einer jungen Nachbarin gehört, daß ihre Mutter mit Staubsaugerbeutelpapier gefütterte Masken näht, solche haben wir ganz heiter mehrfach bestellt, offenbar mit Erfolg. Dann kamen die billigen Alltagsmasken, zuletzt die professionellen Modelle. Inzwischen hängen an den Türklinken im Flur bei uns fünfzig Masken, und immer noch passiert es, daß wir ohne so ein Ding außer Haus gehen und unterwegs zwei nachkaufen müssen.

SCHEU *Also kannst du mit Marcel Duchamp, der von einem Journalisten gefragt wurde, was er hauptsächlich tue, antworten:* »*Ich bin ein Atmer.*« *Doch bleiben wir beim Thema. Wenn Politiker, die ja gar nichts falsch machen wollen, auf Journalisten treffen, die aufgrund der medialen Aufmerksamkeitsökonomie zur Dramatisierung neigen, und diese wiederum auf Epidemiologen, die sich keine Verharmlosung vorwerfen lassen möchten, was passiert dann mit unserer Gesellschaft?*

SLOTERDIJK Wir erleben es fortlaufend. Man könnte den Vorgang insgesamt als den Versuch beschreiben, einen unbekannten Ernstfall zu formatieren. Hierbei scheint sich der Rat des antiken Rhetoriklehrers Quintilian spontan durchzusetzen, wonach es bei Gegenständen von ungewissen Abmessungen besser sei, in der Rede zu weit zu gehen als nicht weit genug. Er definiert die Redefigur der Hyperbel als »schickliche Übersteigerung der Wahrheit« – und was wir seit einem Jahr durchmachen, ist seiner politischen und journalistischen Seinsweise nach eine riesenhafte Übung im Hyperbelgebrauch mit angeschlossenen Ausgleichsübertreibungen. Das Hyperbolische ist hier nicht bloß eine Sache der sprachlichen Fassung, es ist in der Pandemie als solcher angelegt, weil man immer gute Gründe hat anzunehmen, daß alles realiter noch viel schlimmer werden kann als bisher, und das in kürzester Zeit. Schreitet man nicht energisch ein, treibt sich das Geschehen von selbst auf die Spitze. An dem ignoranten Verhalten von Macho-Politikern wie Trump, Johnson, Putin, Bolsonaro usw. ließ sich ablesen, was in Ländern passiert, deren Regierungen bei der Formatierung des Ernstfalls schlampig vorgingen. Bei ihnen wurde die fahrlässige Tötung politischer Stil.

SCHEU *Und doch muß man jetzt zugeben, daß einige Nationen mit den dümmsten Anfangsreaktionen auf die Pandemie, vor allem das Vereinigte Königreich und die Vereinigten Staaten, sich später eines Besseren besonnen haben. Sie haben bei den Impfungen echten Punch bewiesen. Bei den Europäern zwischen Brüssel und Berlin häufen sich die Pannen.*

SLOTERDIJK Man denkt unwillkürlich an die Devise: Avanti dilettanti! Den guten Willen wird man den Akteuren nicht absprechen. Gerade wo Deutsche ihre Hände im Spiel haben, ob im eigenen Land oder auf europäischer Ebene, bekommt man den Eindruck, sie begehen einen Fehler nach dem anderen aus Angst vor Fehlern. Kein Wunder, daß in der Bevölkerung die Unruhe steigt. Auch Nicht-Querdenker sehen so viele Lücken und Willkürdekrete, daß man der Farce ein schnelles Ende wünscht.

SCHEU *Wie sind das mediale, politische und wissenschaftliche System miteinander verflochten? Welche unerwünschten Eigendynamiken ergeben sich daraus? Und: Wie ließen sie sich verhindern?*

SLOTERDIJK In deiner vorherigen Frage ist der wesentliche Teil der Antwort schon verborgen. Man hat es mit drei Agenturen zu tun, von denen jede auf ihre Weise vor allem Fehlervermeidung betreibt, doch die drei Vermeidungsdynamiken passen nicht zusammen. Das journalistische System würde einen enormen Fehler begehen, wenn es nicht aus der Pandemie das letzte an Sensation herausholte – nur ein Weltkrieg oder die Landung der Außerirdischen böten noch mehr publizistische Chancen. Einen Fisch dieser Größenordnung läßt man nicht von der Harpune. Medizin und Wissenschaft sind hingegen dem Vorsorgeprinzip verpflichtet, woraus folgt, daß man so laut und deutlich wie irgend möglich die Risiken betonen muß – auf die Gefahr hin, daß sachliche Aufklärung Panikanfälle und Depressionen nach sich zieht. Dann schreiben die Virologen Überweisungen an Kollegen von der Psychiatrie.

SCHEU *Und die Politik?*

SLOTERDIJK Die Politik ihrerseits, die unter dem Apriori lebt, gar nichts falsch machen zu dürfen – noch viel weniger als die Wissenschaft, die Versuch und Irrtum vor Publikum praktiziert –, die sitzt zwischen den Stühlen, da sie dauernd zwischen Übeln wählen muß. Sie ist *a priori* zum Fehlermachen verurteilt, und nur durch die Wahl der zu hörenden Experten drückt sie aus, welche Fehler sie bevorzugt. Sie wartet in der Regel ab, bis die Lage schlimm genug ist, um Interventionen zu rechtfertigen. Es muß eigentlich immer schon zu spät sein, bevor sie loslegt. Gern greift sie dann zur gröbsten aller möglichen Maßnahmen, sie sperrt die Menschen in ihre Wohnungen ein, schließt pseudoegalitär die Restaurants und die Konzertsäle, läßt die Bürger nur für kurze Zeit und unter Masken auf die Straße, während die *usual suspects* in den Talkshows sich endlos über das Wie-lange-noch und das Was-bringt-es-überhaupt auslassen.

SCHEU   *Würdest du so weit gehen, von Corona-Terror zu sprechen?*

SLOTERDIJK   Wer so redet, liefert ein Beispiel für ungekonntes Übertreiben.

SCHEU   *Auf der anderen Seite nimmt der Alarmismus spürbar zu. Wir sind so weit, daß es Corona-Leugner und Corona-Anhänger, oder in Schmittscher Diktion: Corona-Feinde und Corona-Freunde gibt. Ist das nicht der Gipfel der Stupidität?*

SLOTERDIJK   Mit Gipfel-Urteilen sollte man sparsam sein. Glich nicht das 20. Jahrhundert in bezug auf Massenwahnsysteme einer Höhenwanderung?

SCHEU *Doch wie besorgt bist du wirklich? Erleben wir eine vorübergehende Phase der überdrehten Unvernunft oder eine echte Zäsur?*

SLOTERDIJK Solche Großunterscheidungen sind nicht leicht zu treffen. Wir sind wie Vögel, die in einer Pfütze baden und sich einbilden, es sei das Meer. Durch unsere Zeitpfütze läuft eine Linie, von der ich vermute, daß sie sich im Lauf des Jahrhunderts verdeutlicht. Der eben erwähnte Carl Schmitt legte mit seinem bei Proudhon geborgten Diktum »Wer Menschheit sagt, will betrügen« gar nicht so viel kaltblütigen Sinn für das Politische, das vorgeblich Ewig-Polemische an den Tag, wie er meinte, er bewies nur seine Phantasielosigkeit in bezug auf die fortgehende Globalisierung. Sicher wird es immer superkluge Schmittianer geben, die im Konzept »Menschheit« nicht mehr als eine unpolitische Abstraktion sehen wollen, unter der sich brutale Interessen tarnen; aber wer Interessen sagt, will vielleicht nur anders betrügen. Durch unsere neuartige Erfahrung mit der Pandemie, die in Realzeit überall kommuniziert wird, wird zugleich spürbar, wie die Abstraktion »Menschheit« in eine Existenz von höherer Konkretheitsstufe gezwungen wird – die Menschheit fängt an, als hygienepolitische Entität wirklich zu werden, gleichzeitig bekommt sie in unseren Tagen eine klimapolitische Kontur. Auch der abstrakte Universalismus ist nicht mehr, was er einmal war.

SCHEU *Also doch eher eine Zäsur als ein Zwischenspiel?*

SLOTERDIJK Ja, Zäsur, und zwar deswegen, weil der Staat die Wirtschaft sehr unverblümt, ja nahezu staatsstreichartig in die zweite Reihe stellt, auf die Gefahr hin, daß Lieferketten abrissen und zahllose Existenzen gefährdet oder ruiniert würden; dann auch, weil er das Motiv Lebensschutz den bürgerlichen Freiheiten überordnete und damit jähe Eingriffe ins Leben von Familien und die Routinen des Schulwesens vollzog, über deren Folgeschäden sich noch nichts Genaueres ermitteln läßt, und zuletzt: weil er sich das Recht herausnahm, politisch motivierte Geldschöpfung in beispiellosem Umfang zu betreiben. Noch vor einem Jahr hat niemand gewußt, wie tief der Hut des Zauberers ist. Fast möchte man glauben, der Staat wollte ein Experiment starten, um herauszufinden, ob eine gesteuerte Rezession mittels wohldosierter Immobilisierungen praktikabel ist. Das könnte Parteigänger von Degrowth-Ideen interessieren.

SCHEU *Und doch: Die Politik hat jahrelang Pandemie-Szenarien theoretisch durchgespielt, wurde dann aber von SARS-CoV-2 total überrascht. Von Regierungsseite hieß es zuerst, Masken seien nutzlos, sogar schädlich, bis das Maskentragen dann doch verordnet und das Nichttragen mit Bußgeldern belegt wurde; Restaurants wurden per Dekret geschlossen, nachdem deren Besitzer beträchtliche Summen in Hygienekonzepte investiert hatten und ohne daß empirische Evidenz für eine erhöhte Ansteckungsgefahr in ihnen vorlag; zuletzt hieß es, alles komme darauf an, die Reproduktionszahl unter 1 zu senken, um einen Lockdown zu vermeiden, dennoch wurde der Lockdown trotz tiefem R-Wert verhängt bzw. verlängert.*

SLOTERDIJK Was beweist, daß man im Umgang mit der gewählten Obrigkeit in Demokratien viel Geduld braucht.

SCHEU *Gelassenheit will effektiv gelernt sein! Die Politik scheint nicht zu agieren, sondern bloß zu reagieren – fast willkürlich und zuweilen im dekretorischen Ton.* In Die schrecklichen Kinder der Neuzeit *sprichst du von der »Kompensationspolitik«, die die »Gestaltungspolitik« abgelöst habe: Weiter schreibst du: »Größere Politik scheint nur noch als ausgeweiteter Pannendienst möglich.«*

SLOTERDIJK Ich hätte zusätzlich zwischen Pannenhelfern und Pannenverursachern unterscheiden sollen. Eine Hälfte unserer Sorgen geht auf das Durcheinander von Regieren, Nichtregieren und Schlechtregieren zurück.

SCHEU *Hat also eine radikale Entzauberung hoheitlicher Politik begonnen?*

SLOTERDIJK Seit Max Weber sein Theorem von der Moderne als unaufhaltsamer Weltentzauberung in die Welt gesetzt hat, läßt sich darüber streiten, ob für die Menschen von heute die Region des vormals so genannten Höheren wirklich in dem Maß entleert ist, wie habilitierte Platitüdenmakler Nach-Weberscher Generationen behauptet haben. Gewiß scheint mir nur, daß die traditionelle Königsposition in unserer Weltgegend durchwegs säkularisiert wurde – die metaphysisch aufgefaßten Throne von einst sind verschwunden, sofern man vom

Stuhl des heiligen Petrus absieht, der den letzten Hoch-
sitz von Gottes Gnaden auf europäischem Boden darstellt; und ob dieser gegenwärtig legitim besetzt ist, das
ist sogar innerhalb des Katholizismus etwas strittig, es
gibt ja, was nicht sehr bekannt ist, eine kleine Truppe
von ekklesiologischen Hardlinern, Sedisvakantisten genannt, die unbeugsam behaupten, der Heilige Stuhl sei
nach Papst Pius XII. *de facto* unbesetzt, er sei nach
dem zweiten Vaticanum nur von segensunbefugten Stroh-
männern, um nicht zu sagen häretischen Marionetten
verwaltet worden. Solche Finessen würden die vom Vati-
kan unabhängigen Europäer natürlich in keiner Weise
beunruhigen, selbst wenn sie von ihnen wüßten. Fürsten
von Gottes Gnaden bilden in unseren Breiten eine ausge-
storbene Spezies, indessen die zwölf Monarchien, die in
Europa existieren, als reine Symbolbetriebe beziehungsweise als Kostümstücke geführt werden. Das gilt, nebenbei gesagt, auch für das Haus Hohenzollern, auch wenn
dieses jetzt, gut hundert Jahre nach der nicht sehr ehren-
haften Flucht des Kaisers im November 1918, für seine
Ausgestorbenheit Entschädigung in Form von Immobi-
lien und Kunstwerken verlangt; man kann solche Forderungen als unerbetenen Nachtrag zur Selbstentzauberung
einer Dynastie abheften. Wir haben mit unseren Obrig-
keiten wirklich andere Sorgen. Niemand käme es noch
in den Sinn, einem deutschen Kanzler oder einem französischen Präsidenten Mandate des Himmels anzudichten. Wenn man mit ansieht, wie Politiker zur Stunde hinter den Problemen herhecheln, weiß man, hier ist nichts,
was weiter entzaubert werden müßte.

SCHEU *Warum aber tragen die Leute in großer Mehrheit die widersprüchlichen Maßnahmen so brav mit und ballen allenfalls die Faust in der Hosentasche? Oder trügt der Schein? Stehen wir vielleicht vor einer größeren zivilgesellschaftlichen Gegenbewegung?*

SLOTERDIJK In unserer Weltgegend haben die meisten Menschen ein mehr oder weniger deutliches Gefühl dafür, daß sie im Ganzen viel mehr zu verlieren als zu gewinnen haben. Das macht gefügig. Viele spüren zudem, daß man sich vor einem schwachen Staat mehr fürchten muß als vor einem starken. Vor kurzem sah man im Fernsehen Bilder von Menschen in Ostsibirien, die bei minus zweiundvierzig Grad auf die Straße gingen, um gegen die putinhörige Justiz zu protestieren, als diese den vom Mordanschlag erholten und nach Moskau zurückgekehrten Alexej Nawalny umgehend auf der Basis von absurden Anklagen ins Gefängnis steckte: Daß ein rekonvaleszenter Fast-Ermordeter im Ausland sich nicht regelmäßig bei der heimischen Behörde meldet, um seine Bewährungsauflagen zu erfüllen, das konnten Menschen sogar fünftausend Kilometer von Moskau entfernt recht gut begreifen. Dort sah man Leute, die wirklich nichts mehr zu verlieren haben außer einem Rest von Sinn für Maß und Anstand. Den wollten sie sich offensichtlich nicht nehmen lassen, und wenn die putinisierte Mitwelt noch so sehr in Korruption und Resignation ersäuft, tiefer demoralisiert als je unter den Zaren. Um ehrlich zu sein, von Gegenbewegungen bei uns – sollte der Corona-Zustand irgendwann vorbei sein – verspreche ich mir nicht viel, es sei denn, man würde Ferienreisewellen und Stürme auf wiedereröffnete Lokale und Kaufhäuser als zivilgesellschaftliche Manifestationen gelten lassen.

SCHEU *Durch dein Werk der beiden letzten Jahrzehnte zieht sich wie ein Leitmotiv die Auseinandersetzung mit der modernen Staatlichkeit. Ich würde dir dazu zum Schluß gerne ein paar frische Fragen stellen ...*

SLOTERDIJK Das ist ein Thema, das auch dich nicht losläßt, wie ich aus manchen Gesprächen weiß.

SCHEU *Du hast die Grundlagen, Dynamiken und Paradoxien des mitteleuropäischen Großexperiments »Wohlfahrtsstaat«, das, sagen wir, von 1960 bis heute dauert, nach Präludien, die bis ins 19. Jahrhundert zurückgehen, in zahlreichen Schriften so kenntnisreich wie amüsant beschrieben. Für dieses Konstrukt hast du den Namen »Allomutterstaat« geprägt. Er befiehlt und diktiert nicht, sondern umsorgt und erzieht; er verwöhnt seine Bürger-Kinder nach den Regeln der Kunst, indem er realen Überfluß ständig in Not und Armut umdeutet, um Ansprüche auf Zulagen zu begründen ...*

SLOTERDIJK ... Sozialpsychologen sind seit mehreren Generationen der Umwandlung der frühmodernen autoritären Persönlichkeit in das postmoderne Konsumsubjekt auf der Spur. Dem letzteren steht naturgemäß nicht mehr der strenge, gebietende und strafende Vater-Staat von einst gegenüber, der sich im Über-Ich alten Stils abbildete. An seine Stelle tritt eine quasi-matriarchale Größe, die eher Vorschläge macht als Befehle erteilt und Gehorsam durch das Hin und Her zwischen Zuwendung und Liebesentzug erzeugt. Den Ausdruck »Allomutter« habe ich bei der kalifornischen Anthropologin Sarah Blaffer-Hrdy geliehen, die ihrerseits auf das Konzept der alloparentalen Pflege in Primatengruppen zurückgreift. Aus ihrer Sicht setzt sich »Mutter Natur« bei Homo sapiens zusammen aus den primären Müttern und einer Anzahl X von »Helfern am Nest«, die in die Brutpflegearbeit einbezogen werden: Großmütter, Tanten, Geschwister, Väter, Nannies. Von einem Allomutterstaat kann man sprechen, wenn am Ende der Reihe von x Aushilfsmüttern der Sozialstaat als ultimative Bemutterungsagentur auftaucht. Im Wohlfahrtsstaat geht die Fürsorge für das Heil der einzelnen von der vormaligen Mutter Kirche auf den Vater Staat über, und der verweiblicht sich konsequenterweise in seinem Auftreten. Man hat es seit längerem mit einem strukturell androgynen Staatswesen zu tun.

SCHEU *Erste Schlußfrage: Kommt dieser weichere Staat nun an sein Ende, weil er plötzlich wieder sein autoritäres Gesicht zeigt?*

SLOTERDIJK Keineswegs, auch der maternisierende Staat muß demonstrieren, daß er zur Strenge fähig ist, andernfalls ließe sich etwa das Strafvollzugssystem nicht aufrechterhalten, erst recht nicht der Fiskus. Es finden sich bei Goethe in einem Brief an Charlotte von Stein vom Juni 1787 Formulierungen, die man für prophetisch halten möchte. Darin sagt er, die Welt ringsum verwandle sich in ein großes Hospital, in dem alle Menschen zu gegenseitigen Krankenwärtern werden. Das paßt gut zum aktuellen Befund über den pandemiebedingt zur Strenge zurückkehrenden Bemutterungsstaat, in dem Polizei, Sanitätsbehörden, Ordnungsämter und Kliniksystem zu einem Netzwerk zusammengeschaltet sind.

SCHEU *Unter Bezugnahme auf einen von Ludwig von Mises geprägten Neologismus hast du gelegentlich gesagt, wir lebten in einem »Semi-Sozialismus auf eigentumswirtschaftlicher Grundlage«. Das klingt dissonant, wenn man es gegen die Formeln des linksliberalen Mainstreams hält, der gern wieder Kapitalismuskritik betreibt.*

SLOTERDIJK Es gibt keine zuverlässige Methode, Vokabulare und Realitäten aufeinander abzustimmen. Dennoch sollte in diesem Punkt eine Justierung an der Zeit sein. Daß »Sozialismus« ein abgestandener Ausdruck ist, das ist seit der Implosion der DDR hierzulande allen klar, wenn man von einigen Unentwegten absieht. Bis in die rot-grünen Jahre konnte man den Begriff noch gerade mit den Fingerspitzen anfassen, um irgendwie »linke« Forderungen zu codieren. Der von Misessche Ausdruck »Halbsozialismus«, fast hundert Jahre alt, doch unverbraucht, enthält den Hinweis, wonach die modernen Staaten des Westens begonnen haben, sozialistische Motive in ihre Systeme der Daseinsvorsorge einzubauen. Das führte dazu, daß man hier, fast wie in Skandinavien,

Sozialdemokratismen in allen Lebenslagen für Apriori-Gegebenheiten hält. Ist der Staat *per se* sozialdemokratisch gefärbt, braucht man die Partei gleichen Namens nur noch wie rosa Geschenkpapier um einen grauen Karton. Allenfalls fungiert sie als stiller Teilhaber an einer Regierung, die seit sechzehn Jahren von einem seit Jugendtagen hochangepaßten ehemaligen DDR-Mädchen geführt wird.

SCHEU *Angesichts der sich zuspitzenden Überschuldung, Überbesteuerung und Überregulierung mitteleuropäischer Staaten drängt sich die nächste Frage auf: Sind wir unterwegs vom halben in einen Dreiviertel-Sozialismus, wenn auch noch ohne explizite Vergesellschaftung der Produktionsmittel? Von Mises schreibt in* Die Gemeinwirtschaft: *»Das Eigentum ist immer dort, wo die Verfügungsmacht ist.« Liegt die nicht am Ende bei der gesetzgebenden Gewalt?*

SLOTERDIJK Du kennst meine Antwort. Ich sehe die gesetzgebende Gewalt besonders da, wo die Steuern festlegt werden. Mehr noch als die gesetzgebende imponiert mir die schuldeneintreibende Gewalt. Man sollte sie die »Konfiskative« nennen. Wie man die Quote festlegt, die dem Fiskus ein Maximum einbringt, ohne daß die Wirtschaft erstickt wird, das ist seit langem höhere Mathematik. Ganz unabhängig davon geht der Staat bei uns dank der Steuereinnahmen alljährlich als das mit Abstand mächtigste ökonomische Subjekt im sozialen System hervor, auch wenn er sich verfassungsgemäß andere Ziele setzt als die eines ökonomischen Unternehmens. Hier hätten wir zum Thema »Entzauberung« der Politik, das wir oben berührt haben, am Ende etwas nachzutragen.

SCHEU *Du sprichst so, als hättest du nur auf diesen Augenblick gewartet. Ich bin gespannt.*

SLOTERDIJK Wäre ein Staat durchwegs ein Unternehmen, würde er von der Säkularisierung durch und durch betroffen, er würde im Fall eines Bankrotts unbarmherzig abgewickelt. Das Filet käme unter eine neue Geschäftsleitung, der Rest würde verramscht. Mit Überbleibseln von Staatsbankrotten ist das aber nicht zu machen, weil sich bei ihnen doch so etwas wie eine Transzendenz, eine nicht verramschbare Größe manifestiert, ein Territorium, das der Pfändung entgeht, und darauf eine Population, die man nicht ganz in Ketten legen kann. Das zeigt sich nicht zuletzt daran, daß der Staat, anders als ein ausgeschlachtetes Unternehmen, nach einer Restrukturierung wieder Kreditgeber findet. Damit erweist sich, daß Gewaltenteilung à la Montesquieu nicht ausreicht, um das Existenzgeheimnis politischer Entitäten auszuleuchten. Man muß über die Trinität von Legislative, Judikative und Exekutive hinaus eine vierte Gewalt annehmen, man könnte sie die Spekulative oder Selbstsuggestive nennen. Sie erscheint in der Fähigkeit einer politischen Einheit, eine Regierung zu bilden und Kredite auf ihren Fortbestand aufzunehmen. In Zeiten chronisch überzogener Staatshaushalte wird das so evident wie nie zuvor. Kein Geschäftsmann, der ein wenig rechnet, würde einem Kunden wie der US-Regierung einen Cent leihen, solange er sich bloß an die Zahlen hält. Kalkuliert er den Lebenswillen und die utopischen Energien der Leute mit ein, die vom *American Dream* trotz allem noch etwas in sich haben, würde er nach kurzer Bedenkzeit doch zum Kapitalgeber.

SCHEU *Eine Paradoxie: Der Staat ist der beste Schuldner der Welt, weil er von Leuten lebt, die aus den Schulden rauswollen. Bleibt eine letzte Frage: Wie hat man sich glückliche Menschen im neokollektivistischen Staat vorzustellen?*

SLOTERDIJK Könnte es sein, daß du eigentlich fragen willst, ob wir nicht schon vom chinesischen Modell unterwandert sind? Im Jahr 2020 hat China die USA als größten Handelspartner der Europäer überholt. Vermutlich möchtest du wissen, was wir uns dadurch ins Land holen. Ich kann dich beruhigen, am Eingang der Philosophenhöhle werden illiberale Prinzipien abgewiesen. Ob die Gesellschaft draußen immun bleibt, muß sich noch zeigen.

Peter Sloterdijk
im Suhrkamp Verlag

NF 340/1/03.19

NF 340/2/03.19

Theorie der Nachkriegszeiten. Bemerkungen zu den deutsch-französischen Beziehungen seit 1945. Sonderdruck edition suhrkamp. 72 Seiten

Über die Verbesserung der guten Nachricht. Nietzsches fünftes »Evangelium«. Rede zum 100. Todestag von Friedrich Nietzsche, gehalten in Weimar am 25. August 2000. Sonderdruck edition suhrkamp. 72 Seiten

Die Verachtung der Massen. Versuch über Kulturkämpfe in der modernen Gesellschaft. Sonderdruck edition suhrkamp. 96 Seiten

Weltfremdheit. es 1781. 381 Seiten

Der Zauberbaum. Die Entstehung der Psychoanalyse im Jahr 1785. Epischer Versuch zur Philosophie der Psychologie. st 1445. 336 Seiten

Zeilen und Tage. Notizen 2008-2011. Gebunden und st 4485. 639 Seiten

Zorn und Zeit. Politisch-philosophischer Versuch. st 3990. 356 Seiten

Zur Welt kommen – Zur Sprache kommen. Frankfurter Vorlesungen. es 1505. 176 Seiten

NF 340/3/03.19